나는

언제

행복했더라

나는 언제 행복했더라

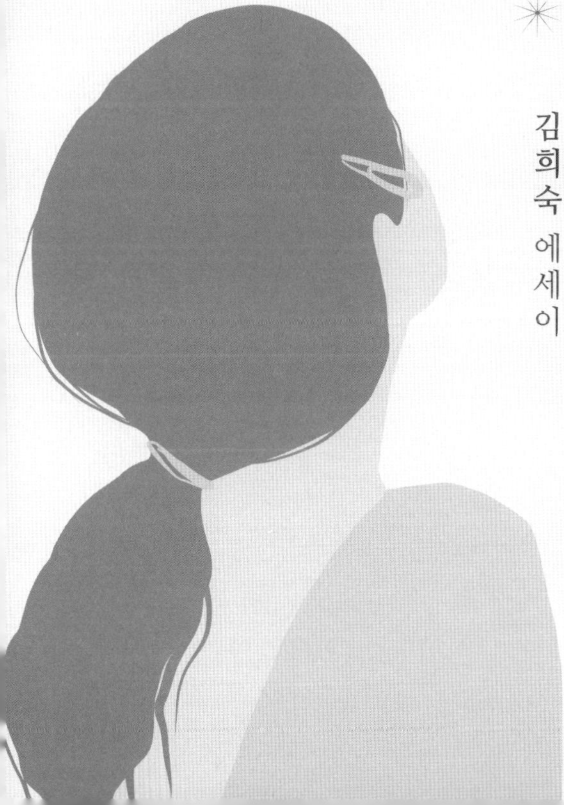

김희숙 에세이

클럽북

2부 무엇으로
걷고 있나요

3부   일상으로
향하는 걸음

살면서 계획을 치밀하게 세우고 목표를 향해 전진하며 살아본 적은 없네요. 그렇다고 시간을 의미 없이 보낸 건 아니에요. 공부를 잘하지는 못했지만, 충실한 학창 시절을 보냈고, 밥벌이하는 성인으로 성장했어요. 운명 같은 사랑은 아니었지만, 사랑 비슷한 인연으로 결혼도 했죠. 기적 같은 아이들도 키우며 지극히 평범한 삶을 살아가고 있어요. 그 평범함이 때로는 지루하고 재미없다는 불손한 생각도 간간이 들지만, 그것 또한 삶의 한 부분이라고 받아들이는 중입니다.

시간의 속도가 빨라질수록 일상의 소중함과 주변 사람들에게 점점 더 관심 갖게 되네요. 나와 연결된 사람들, 나를 존재하게 하는 인연들을 되돌아보는 시간을 갖게 되었어요. 가끔은 내가 너무 평범한 건 아닌가, 다른 사람들은 어떻게 살까? 호기심이 생겨 제 주변을 더 관찰하게 돼요. 어쩌면 너무 익숙해져서 평범하다고 느꼈던 것은 아닐까요?

돌이켜보니, 평범한 삶이라고 생각했던 시간이 사실은 치열하게 살아낸 시간이었음을 깨닫게 되었어요. 그런 이야기를 시작하려고요.

1부

오늘도
무사히

나는
언제
행복했더라

사랑이란 무엇이더냐?
나중이란 없는 게 사랑이란다.
  - 윌리엄 셰익스피어, 『십이야 혹은 그대의 바람』

"엄마, 구자욱 선수가 만루 홈런으로 역전 우
승해서 너무 행복해."

올해 갑자기 시작된 야구 사랑 덕분에 딸의 행복은
삼성 야구 선수들의 성적에 달려 있다. 타율이 낮다거
나 타자가 약하다거나, 마무리 투수가 믿음직하지 않

다거나 할 때마다, 우리 집 대화는 끝없이 야구 이야기로 이어진다.

"엄마, 라면 먹기 직전에 마늘을 넣고 30초 기다렸다가 먹으면 진짜 맛있어요."

아들은 라면에 갖가지 재료를 넣으며 맛을 탐닉한다. 스무 살 건장한 아들이 좁은 부엌에서 요리하는 모습이 행복해 보인다. 아이들의 행복한 모습을 지켜보는 나는, 행복하지 않다.

선수들 이름이 자꾸 헷갈리고, 포지션도 기억나지 않는다. 건강에 좋지 않은 음식을 먹지 말라는 잔소리를, 오락실 두더지를 두드리듯 열정을 다해 막고 있다. 아니, 근본적인 이유는 다른 데 있다.

법적으로 성인이 된 아이들과 좁은 집에서 함께 지내는 불편함이 크다. 나라를 구하는 대단한 일을 하거나 외국 유학으로 독립했으면 하는 거창한 욕심이 없는 것은 아니다. 그래서 작은 일에 행복을 찾고, 부모와 소통하려는 아이들을 때로는 공감하기조차 싫어진다.

고등학생이 되면 기숙학교로 진학하고, 대학생이 되면 온전히 독립하리라 생각했다. 둘 중 하나는 나가리라 믿었지만, 그 꿈은 이루어지지 않았다. 현실을 직시하고 잘 견뎌보자 다짐해도, 마음속 오락실 두더지는 끊임없이 고개를 내민다.

"둘만 남으면 어떻게 지내려고?"
툴툴거리는 나를 보며 남편이 묻는다.

"밥 차리기도 수월하고, 빨래도 줄어들고, 그리고 집도 넓어지고… 어, 또…"

아이들의 독립을 바라는 내 마음은 어쩐지 너무 초라했다. 단지 가사 노동을 줄이고 싶어서 아이들의 독립을 외쳤던 걸까. 분명 더 멋지고 거창한 이유가 있었을 텐데, 남편의 갑작스러운 질문에 당황해 그 이유를 잊어버렸다고 변명해 보지만, 근사한 대답은 끝내 떠오르지 않는다.

"스무 살이면 스스로의 공간과 미래를 꾸리며 살아야지."하고 남편이 내 생각을 든든히 지지해 주길 고대했지만, 돌아온 대답은 달랐다.

"스무 살이면 학생이라 경제적으로 독립 못 해. 그러다가 세 집 살림을 차리는 거지."

마음이 쿵 하고 내려앉는다. 눈에 보이지 않는다고 해서 독립이 되는 것도 아니고, 주말에만 본다고 해서 독립일 리도 없다. 결국 잘 지내는지 궁금해할 것이고, 집에 오지 않으면 찾아 나설 게 뻔하다. 밥은 먹었는지, 청소는 했는지, 학점 관리는 괜찮은지, 취업 준비는 하고 있는지. 함께 지낼 땐 행동과 눈빛만 봐도 알수 있던 일들을, 이제는 그저 궁금해하며 툴툴거릴 내 모습이 눈에 선하다.

스무 살이 넘은 건강한 아이들이니, 눈으로가 아니라 마음으로 독립을 허락해야 한다. 언젠가 스스로의 삶을 살며 행복을 찾아 떠날 날을 기다려야 한다.

"엄마는 라면에 청양고추를 마지막에 넣고, 불을 끈 뒤 3초 후에 먹어. 살짝 덜 익은 면이 더 맛있더라."

땀을 뻘뻘 흘리며 라면을 먹는 아들 냄비에 젓가락을 슬며시 가져다 댄다. 아들의 젓가락과 부딪히는 소리가 냄비 안에서 싱잉볼 소리처럼 맑게 울린다.

"당신은 언제 행복해요?"

바둑 대국을 시청하는 메이드 인 경상도 남편에게 서술형 답변을 요구했다. 당혹스러움을 넘어 공포에 가까운 표정을 짓는 남편의 뒷덜미를 잡으며, 나는 웃으며 말한다.

"행복한 걸로 합시다."

그 순간, 신나게 야구 중계를 보던 딸이 끼어든다.

"아빠, 어제 소주에 진토닉을 섞어 마셨는데, 맛있더라. 드셔보셨어요?"

"오늘 먹자. 소주 안주는 역시 고기지. 소주, 맥주, 진토닉, 삼겹살."

"아빠, 같이 가요."

시장 가방을 챙겨 아들도 함께 나선다.

저녁 밥상에 이어 술상이 차려진다. 다이어트 걱정
도, 지방간 걱정도 잠시 잊고, 신나게 먹고 마신다. 텔
레비전에서는 야구 경기가 한창이고, 아들은 2차로 해
장라면을 끓인다. 남편은 연신 아이들과 내 접시에 고
기를 구워 올린다.

"행복한 걸로 합시다."

고기 굽는 소리와 야구 해설 사이로, 누군가의 목소
리가 겹쳐 울렸다.

무사함과
불안이
함께

뭐든 오라지. 벌어질 일은 어떻게든 벌어지는 법.
- 윌리엄 셰익스피어, 『맥베스』

✦

오늘도 무사히.

가끔은 '이게 사는 건가? 시간이 너무 아깝다'라는
생각이 들 때가 있다. 오늘은 유난히 시간이 허무하게
흘러간다는 느낌이 강하다. 나이 탓일까. 쉰이라는 숫
자가 주는 무게가 있으니 새로운 도전도 쉽지 않다.

허리가 아파 늦잠도 못 자고 새벽같이 일어나 동네 뒷산에 오른다. 점심으로 국밥과 막걸리를 먹고 술기운과 포만감에 잠시 낮잠을 잔다. 내일은 월요일이라는 압박감에 벌떡 일어나 건전하게 책을 읽는다. 어김없이 돌아오는 저녁을 위해 부엌을 종종거리며 커피 한잔을 마신다. 그렇게 무사히 흘러간 하루가 무사히 끝난 듯하지만, 마음 한편은 헛헛하다. 나에게 정말 무사한 하루였을까.

'이제 와서?'
'이 나이에?'

이런 생각들이 나를 주저앉힌다. 나중에 더 나이 들어 오늘의 나를 돌아봤을 때, 왜 그때 새로운 도전을 하지 않았을까 후회하게 되지 않을까. 도전이 두렵지만, 시간을 헛되이 보내는 것도 두렵다. 그래서 오늘도 스스로에게 묻는다. 나는 어떤 사람이 되고 싶은가. 몰입의 카타르시스를 느끼며 살아가고 싶은 것은 아닐까.

그럼에도 불구하고, 아무 일도 일어나지 않는 오늘에 감사하며, 감당할 수 없는 일이 일어나지 않기를 간절히 빈다. 살얼음판을 걷듯 조심스럽게 하루를 보낸다.

가족 모두가 건강하기를, 아이들이 학교를 졸업하고 취업 후 좋은 배우자를 만나 결혼하고, 평범하면서도 행복한 삶을 살기를 바란다. 퇴직 후에는 남편과 여행도 다니고, 맛있는 것도 먹으며 몸과 마음이 안정적인 노후를 보내기를. 손주들도 잠시 돌보며 할머니 역할을 하면서, 평화롭고 풍족한 노년을 맞이하기를 꿈꾼다.

빼곡히 채워진 다이어리 일정을 보면 답답하지만, 그렇다고 아무 일정 없는 주말을 보내면 시간을 허투루 썼다는 자책이 밀려온다.

오늘 하루, 등산, 외식, 독서, 집안일까지 했으니 분명 무사한 하루였다. 불안함과 무사함의 불협화음을 느끼는 것, 어쩌면 그것이야말로 내가 진짜 무사함을 찾아가는 시작일지도 모른다.

출장
보내는
기쁨

그때에만 우리는 행복할 수 있다.

- 앙투안 드 생텍쥐페리, 『인간의 대지』

＊

오랜만에 남편이 출장을 간다. 표정 관리를 해야 했다. 너무 좋아하면 남편이 삐칠 것 같고, 무심하면 관심이 없다고 할 테니, 어쨌든 표정 관리가 필요했다. 오늘은 월요일, 출발은 금요일. 3박 4일 일정이다. 남편이 목요일에야 출장 준비를 하겠다고 해서 짜증이 올라왔지만, 꾹 참았다.

남편은 출장 가기 전 잘 먹어야 한다며 집에서 삼겹살을 구워 먹자고 했다. 날도 덥고, 집 안에 기름 냄새가 밸까 봐 또 짜증이 났지만 역시 참았다. 남편의 행복은 저녁에 가족과 삼겹살을 구워 먹으며 소주 한 잔을 기울이는 것이다. 다행히 에어컨을 켜지 않고도 구워 먹을 만한 날씨였다. 삼겹살 두 근에 각종 쌈 채소를 곁들여 장장 두 시간을 보냈다. 게다가 감기약을 복용 중이라 술도 못 마시는 고통까지 더해져, 힘겨운 저녁 시간을 견뎌야 했다.

혹시 사야 할 물건이 있는지 확인할 겸 미리 준비하자고 했지만, 남편은 귀차니즘에 빠져 꼼짝도 하지 않았다. 결국 내가 준비했다. 방에 옷, 양말, 세면도구, 충전기 등을 차곡차곡 늘어놓고 남편을 불렀다. 남편은 요리조리 살펴보더니 만족스러운 표정을 지었다. 남편을 출장 보내고 싶은 간절함이 현모양처의 모습으로 탈바꿈했다. 출장 가방은 현관문 앞, 가장 잘 보이는 곳에 옮겨 두었다.

드디어 목요일, 남편은 또 고기를 찾았다. 수육을

해 먹이고, 딸의 약속 덕분에 한 시간 만에 겨우 저녁 식사를 마무리할 수 있었다. 컨디션을 위해 일찍 자라는 잔소리와 함께, 남편을 밤 11시에 재웠다.

금요일 새벽 4시 30분, 알람 소리에 맞춰 일어나 아침을 준비했다. 남편은 꼭 아침을 먹어야 하는 체질이고, 든든히 먹여 보내야 나도 마음이 놓인다. 전날 끓여 둔 미역국에 새알을 넣어 따뜻하게 끓여주고, 사과도 깎아 올렸다. "잘 다녀오세요."라는 인사와 함께 현관에서 남편을 배웅하니, 밀려오는 행복감에 웃음이 터졌다.

한참을 들떠 있다가 왜 남편 출장이 이렇게 기쁜 일인지 곰곰이 생각해 보았다. 남편은 집안일도 잘하고, 반찬 투정도 없는데, 도대체 이 해방감의 이유는 무엇일까. 알 수는 없지만, 일단 좋다. 오늘 저녁은 간단히 때우고, 주말 식사도 각자 알아서 해결하기로 하자. 아침도 늦잠을 자고 일어나야지. 그렇게 신나게 계획을 세우는데, 남편에게서 전화가 왔다.

"계획보다 일이 일찍 끝났어. 오늘 집에 간다."

밀려오는 짜증과 허탈함에 웃음이 새어 나왔다. 이제는 내가 집을 나갈 방법을 찾아야 할지도 모르겠다.

아! 저녁은 또 뭐 먹지?

송이버섯을
굽는
저녁

내가 나를 배신하는 것, 그게 인생이지 뭐.

- 정지아, 『마시지 않을 수 없는 밤이니까요』

＊

현관문을 열면 익숙한 고기 냄새가 가족을 맞이한다. 지난 10년 동안 식탁을 책임져 온 고기 냄새가 온 집안을 가득 채운다. 오늘도 고기를 굽지만, 오늘은 조금 특별하다. 그동안 먹고 싶던 송이버섯과 고기를 함께 맛보는 날이다. 제철 음식을 중요하게 여기는 남편이 몇 해를 고심한 끝에 드디어 송이버섯을 식탁에 올렸다.

어제 친구들과 곱창을 먹으며 신나게 놀았던 딸은 아직 해독되지 않은 몸으로 식탁을 차린다. 퇴근하면 씻는 걸 귀찮아하던 남편도 송이버섯을 먹기 위해 목욕까지 했다. 고기 외의 부수적인 식재료에는 관심이 없는 아들은 고기부터 챙긴다. 송이버섯은 먼지만 조심스럽게 털어낸 뒤 한입 크기로 잘라 각자 접시에 가득 담았다. 기름장에 찍어 생송이버섯을 맛보기로 한다.

그런데 어라! 생으로 먹어 본 적 없는 송이버섯에서 기대했던 향은 느껴지지 않는다. 나무 향도 없다. 식탁 위로 네 쌍의 시선이 교차한다. 기대한 맛을 얻지 못한 모두의 입은 잠시 조용하다. 아직 해독되지 않은 딸은 접시를 남편 쪽으로 슬그머니 밀어낸다. 아들은 고기를 불판 가득 올리고, 남편은 고기를 굽기 전 송이버섯부터 올리고 싶어하지만 그의 집게는 민첩하지 못하다.

불판 위 고기가 익어 가며 공간이 생기자 남편은 드디어 송이버섯을 올린다. 지인은 올리브오일에 굽고 소금과 후추로 간을 하라고 했지만, 이미 불판은 돼지기름으로 코팅되어 있다. 일단 구워본다. 또다시 식탁 위에서 네 쌍의 시선이 교차한다. 소주, 맥주, 콜라가 입장하면서 식탁은 조금 더 부산해진다. 불판은 다시 긴장 상태에 들어간다. 고기가 불판을 덮고, 중앙은 송이버섯에게 양보한다. 송이버섯이 먼저 익자, 고기를 사랑하던 남편의 집게가 이번엔 오직 송이버섯만을 영접한다.

상추에 구운 송이버섯과 밥, 고기 삼합 쌈을 싸서 모두의 입으로 들어가는 순간, 아들이 엄지손가락을 번쩍 들어 아버지를 향한다. 옆에 앉은 아들의 센스에 등을 토닥여주며 나도 덩달아 "고기랑 같이 먹으니 맛있다"라며 거든다. 이제 모두의 눈이 딸을 향한다. 딸은 빌떡 일어나 라면을 끓이겠다 신언한다. 님편은 라면에 송이버섯을 넣어 보라고 제안한다.

"송이버섯은 돼지고기보다는 쇠고기와 먹어야 제

맛이지." 남편은 내일 저녁을 기약한다.

식탁을 치운 후 송이버섯 몇 개를 챙겨 딸을 옆집으로 보낸다. 평소 옆집 할머니의 고마움을 알기에 남편도 별말이 없다. 딸이 돌아왔을 때, 손에는 쇠고기가 들려 있었다. 마침 옆집에서 쇠고기를 굽다가 고기보다 귀한 송이버섯을 받았다며 선뜻 내주셨단다.

다시 식탁에 불판이 놓이고, 송이버섯과 쇠고기가 함께 익는다. 맥주와 소주도 재등장한다. 이미 우리의 미각은 송이버섯을 힘껏 응원 중이다.

인생과
구두
굽

네 장미가 중요한 존재가 된 건
네가 장미에게 들인 시간 때문이야.

- 앙투안 드 생텍쥐페리, 『어린 왕자』

＊

　　직장 생활을 시작하면서 만난 구두는 곧 내 발이 되었다. 굽이 높아질수록 몸으로 느껴지는 긴장 감이 때로는 자신감으로 변했지만, 시간이 지나면서 자신감보다 안전을 우선하게 되었다. 경력이 쌓일수 록 구두 굽은 점점 낮아지고, 편안함을 최우선으로 생 각하게 되었다.

예전에는 운동화는 운동하거나 산책할 때만 신는다고 여겼다. 운동화를 신고 출근한다는 건 오랜 망설임과 용기가 필요한 일이었다. 하지만 한 번 용기를 낸 후, 많은 출근길을 운동화와 함께 했다.

우리 집 신발장은 남편, 아들, 딸의 다양한 모양과 사이즈의 운동화들로 가득하다. 아이들이 처음 걸음을 떼며 작은 운동화를 신었고, 성장하면서 그 크기도 점점 커졌다. 어느새 남편과 아들의 운동화 사이즈가 같아졌고, 딸과 내 사이즈도 비슷해졌다.

아들이 학교 다닐 때 신던 운동화를 이제는 남편이 신는다. 마음에 드는 운동화를 고르느라 한참 고민하던 아들의 모습이 떠오른다. 앞코가 닳아 축구 경기에서 졌다며 투덜거리던 기억도 그 운동화에 담겨 있다. 아들의 시간을 지나온 운동화는 이제 남편의 시간이 되어 뒤축이 비대칭으로 닳아 간다.

새 운동화가 필요 없다며 굳이 아들이 안 신는 낡은 운동화를 고집하는 남편의 검소함이 신경 쓰여 새 운동화를 사줬지만, 새 운동화는 신발장 한쪽을 차지한 채 여전히 빛을 보지 못하고 있다.

딸은 가끔 내 운동화를 신는다. 길들여 놓은 편안함이 좋다고 한다. 내가 한 걸음씩 조심히 걷고, 누군가의 발을 밟지 않으려 애썼던 흔적이 딸에게는 편안함으로 전해지는 듯하다. 내가 새 운동화보다 낡은 운동화를 즐겨 신는 이유도, 누군가의 시선보다 이미 내 몸에 익숙해진 그 편안함을 더 좋아하기 때문이다.

우리 집 운동화들 옆에 언젠가 딸과 아들의 구두가 놓이기를 바란다. 구두를 신고 자신감과 긴장감으로 들뜬 아이들의 모습을, 나는 조용히 기대해 본다.

중년의
반려인과
운동하기

진정한 대가는 과감하게 모험적으로
그리고 독창적으로 체스를 둔다.
그것이 평범한 체스꾼들과 전적으로 다른 점이다.

- 파트리크 쥐스킨트, 『승부』

＊

　백두대간을 종주하고 함께 운동하는 활동적
인 사람을 반려자로 꿈꿨지만, 현실은 운동을 노동이
라고 여기는 남편과 산다. 5분 거리도 차로 이동하는
사람이다.

　중년이 깊어가는 남편을 운동시키기 위해 오랜 세
월 노력을 기울였다. 걷는 운동을 싫어해 자전거를 사

주었지만, 운동복이 몸에 너무 밀착된다며 거부했다. 수영은 춥다는 이유로, 탁구는 노안이 와서 공이 보이지 않는다며 포기했다.

"건강은 당신만을 위한 게 아니야. 가족을 위한 일이야."

20년을 그렇게 설득한 끝에 겨우 산책과 등산을 따라 나서게 만들었다. 물론 회유와 협박이 곁들여져야 한다.

온 세상이 알록달록 물들어 산책과 등산할 곳이 넘치는 선물 같은 날들이 이어지는데도, 남편은 좀처럼 집 밖으로 나서려 하지 않는다. 결국 나는 남편을 데리고 퇴근 후 동네 산에 올랐다. 주말도 아닌데도 등산객이 꽤 많았다. 깊은 산이 아니라 산책 수준의 산이라 그런지, 혼자 산행하는 사람도 있었고, 강아지와 함께 걷는 이들도 있었다. 물론 부부가 나란히 걷는 모습도 보였다.

문득 궁금해졌다. 사람은 강아지를 위해 산책을 하는 걸까, 아니면 강아지가 사람을 위해 산책으로 이끄는 걸까? 남편에게 강아지를 사주면 산책이 가능해질까?

남편과 함께 산에 오를 때는 늘 남편을 앞에 걷게 한다. 뒤에서 따라오면 더 힘들고, 무엇보다 걷는 모습을 살피고 싶기 때문이다. 앞서 걷는 남편의 구부정한 등은 마치 이렇게 외치는 듯하다.

"그만 내려가자."

"너무 힘들다."

"곧 어두워진다."

"배고프다."

뒤따르던 등산객과 강아지들이 우리를 추월하려는 기색을 보여 길을 양보했다. 강아지는 주인을 앞장서며 힘차게 걷고 있었다. 등산을 시작한 지 40분, 이제 내려가면 한 시간 운동이 채워진다.

"그만 내려갈까?"라는 내 물음에 남편은 민첩하게 앞장선다. 남편의 한 시간 노동이 끝났다. 내일도 반려인과 함께 운동하기 위해 나는 또 어떤 노력을 해야 할까? 누구를 위한 산책이어도 괜찮다.

어느 날
굴러온
무

예술은 평범한 것과 신비로움 양쪽 모두에 관한
것이어서 우리에게 뻔한 것들,
간과하고 지나간 것들을 돌보도록 일깨워 준다.

- 패트릭 브링리, 『나는 메트로폴리탄 미술관의 경비원입니다』

＊

연휴가 끝나 간다. 알찬 계획을 실천하지 못
한 아쉬움이 눈덩이처럼 커지는 저녁이다. 연휴 동안
읽으려고 식탁 위에 쌓아 둔 책들이 나를 기다리지만,
계획은 그저 계획으로만 남있다. 연휴의 끝을 뭔가로
채워야 할 것 같아 책 한 권을 고르려는데…

"똑, 똑."

"205호야."

살짝 불안한 마음으로 문을 열자, 할머니께서 무를 잔뜩 안고 서 계셨다.

"지금 밭에서 뽑아 왔어. 김치 해 먹어."

얼떨결에 받지 못하고 망설이자, 할머니는 내 품에 무를 안겨 주셨다.

"저, 한 번도 총각김치 안 담가 봤는데요…"

"휴대폰 보고 해. 요즘 젊은 사람들 다 잘하더라. 해봐."

"젊은 사람이라뇨. 중년 아줌만데요."

"나보다 젊으면 다 젊은 사람이지. 잠깐 기다려."

종종걸음으로 집으로 돌아가신 할머니는 곧 가지, 호박, 오이를 한 봉지 가득 들고 다시 오셨다.

"저번에 갖다 준 건 다 먹었지? 이것도 금방 따온

거야."

"이거, 김치 안 하고 시래기로 먹어도 되죠?"
"시래기 좋아해? 이건 총각김치 해 먹어. 무가 연하고 좋아. 꼭 해 먹어. 맛나다니까. 내일 시래기도 가져다줄게."
그러곤 바람처럼 사라지셨다.

무 한 아름을 안고 현관에 서 있는 나를 보고 남편은 폭소를 터뜨렸다. 이 많은 무를 어쩌란 말인가. 냉장고에는 다 들어가지 않고, 삶아 냉동해 둘까 싶지만 내일 또 시래기를 가져오실 게 뻔하다. 결국 김치를 담그는 것 말고는 방법이 떠오르지 않았다.

시간은 야속하게 흘러 저녁 8시 30분. 어쩌지? 식탁에 가득한 무와 한참을 대치하다가, 결국 휴대폰을 꺼내 '총각김치 담그는 법'을 검색했다. 그런데 김치 담그는 방법은 왜 이렇게 많은 걸까? 엄마가 담그는 걸 수없이 봤는데… 각양각색의 레시피가 모두 '최고의 맛'을 주장한다.

가장 쉬워 보이는 방법을 골랐지만, 무를 2시간 동안 천일염으로 절여야 한단다. 지금 씻어서 절이면 11시는 훌쩍 넘겠지.

피할 수 없어 결국 무를 다듬어 씻기 시작했다. 큰 그릇도 없어서 여러 번 나눠 씻었다. 문제는 소금의 양. 11kg에 두 컵이라는 설명이었지만, 내 무가 몇 kg인지도 모르겠고 두 컵이란 게 어떤 컵인지도 알 수 없었다. 그냥 감으로 무에 소금을 뿌리고, 잎에도 골고루 뿌린 뒤 30분마다 뒤섞기를 반복했다.

양념을 준비해야 했다. 찹쌀풀을 쑤어야 한다고 했지만, 밥을 믹서에 갈았다. 거기에 양파와 마늘도 넣었다. 온 가족을 동원해 마늘을 까게 했다. 양념도 레시피마다 달라서, 뭘 넣고 빼야 할지 몰라 당황했지만, 집에 있는 걸 다 모아 넣었다. 다행히 새우젓, 액젓, 매실액은 공통으로 들어가는 재료였고, 집에도 있었다. 그래도 이게 맞는지 불안했다. 주무시고 계실 엄마에게 전화를 걸었다.

"엄마, 총각김치 양념 어떻게 해?"

"집에 있는 거 넣어."

"그게 뭔데?"

"가진 양념 해서 버물버물 해, 간만 맞으면 돼."

"무는 얼마나 절여야 해? 소금을 넣고 얼마나 있어야 해? 한 시간 넘었는데, 사진 보내줄까?"

"무 상태 보고 정해. 내가 사진 보면 아냐. 네가 해봐. 해보면 알아."

모범 답안을 기대했던 나는 다시 혼자가 되었다. 아들, 딸은 벌써 각자 방으로 도망갔고, 남편만 남았다. 밥, 물, 양파를 갈았던 믹서기에 새우젓, 액젓, 매실액을 넣고 다시 돌린 후, 커다란 대야에 넣고 고춧가루를 섞었다.

문제는 양이다. 얼마나 넣어야 할지 몰라, 일단 김치색이 될 때까지 조금씩 넣고 싶있다. 마치 마법사가 된 듯했다. 2시간이 지나 절인 무를 씻어냈다.

어느덧 12시가 되었다. 물을 빼고 양념을 버무려야

하는데, 이미 나는 파김치가 되어 있었다. 남편을 동원해 절인 무에 양념을 섞기 시작했다.

"김치가 잠기겠는데 양념이 너무 많은 거 아냐?"
"일단 버무려. 양념은 남기면 되지. 그냥 해보자."

무에 양념을 조금씩 넣어가며 버무렸다. 또 넣고, 버무리기를 반복했지만, 막상 김치통에 담아 보니 고작 삼분의 일 정도 밖에 채우지 못했다.

"간은 봤어?"
"지금 맛본다고 해결될 것 같아? 그냥 정리해."

새벽 1시.
드디어 김치 담그기가 끝났다.
파김치가 된 몸을 눕히며 잠을 청하려는데, 엄마의 목소리가 맴돈다.
"해 봐. 해보면 알아."

엄마, 나도 알아.

그런데 왜 이렇게 어려워?

얼마나 더 해봐야 알게 될까?

당신의
눈동자에
건배

무엇인가가 내 감정의 전극을 건드릴 때
나는 그것을 아름답다고 느낀다.

- 한강, 『그대의 차가운 손』

＊

나는 의식적으로 눈을 마주 보며 대화한다.
대화의 성격에 따라 눈으로 발사하는 에너지를 달리
한다.

문제가 있어 찾아온 직원에게는 "실수한 지점을 발
견하셨군요."라고 눈으로 말한다.

협의하러 온 직원에게는 "해줄 수 있는 것은 기꺼

이 해드리죠."라는 메시지를 눈빛으로 전달한다.

관리자와 이야기할 때는 "업무 접근 방식에 대해 말씀해 주셔서 감사합니다."라는 마음을 눈으로 표현한다. 직접 말로 하지 못하는 이야기를 눈빛으로 전한다.

상대방은 눈으로 전한 마음의 소리를 듣지 못하겠지만, 내 마음은 편안해진다. 대화의 마음가짐에 마치 깃발을 세우고 나침반을 설정한 기분이다. 혹시나 편견을 가지는 것은 아닐까 조금 의심스럽지만, 관계를 유지하는 데 어느 정도 기준점은 된다고 느낀다.

어느 선까지 마음을 열고, 어느 만큼 정성을 다할지 결정할 수 있다. 마치 나를 위한 보험 같은 기분이다. 상대가 나를 어떻게 생각하든 상관없이, 상처받지 않기 위한 방어벽이 눈빛을 통해 형성되는 듯하다.

대부분 사람은 눈을 오래 응시하지 않는다. 휴대폰을 보거나 다른 곳에 시선을 두고, 대화 중에도 눈길을 피한다. 내가 너무 부담 주나? 너무 강하게 응시했나?

나를 포함한 많은 사람은 눈을 오래 응시하는 것이 예의가 아니라고 여긴다. 아마 상대에게 속마음을 읽히거나 기선을 제압당하지 않기 위한 본능적인 방어일지도 모른다.

어느 날, 남편과 마주 앉아 눈을 마주 보는 시간을 가졌다. 말하지 않고 그냥 3분 정도 눈을 마주 보자고 설득했다. 평소 하지 않던 행동이라 남편은 당황했다. 잘못한 게 많아서 두려웠을지도 모른다. 진지하게 마주 앉았다.

"이건 눈싸움이 아니라 그냥 바라보기야."라고 다시 설명하고, 남편과 눈을 맞췄다.

남편의 눈동자 속에 내가 보였다. 남편이 아닌 나 자신과 마주한 기분이었다. 혼자 거울을 응시하며 나를 마주할 때와 비슷한 느낌이었다. 애쓰고 있다는 응원과 잘하고 있다는 칭찬이 그 눈 속에 있었다.

2분 45초가 지났을 즈음, 남편이 눈물을 흘렸다. 본

인도 당황했는지, "늙어서 한 곳을 오래 보니까 눈이
아파 눈물이 나는 거야."라며 변명했다.

남편도 늙어가는 자신을 본 걸까? 아니면 늙어가는
나를 애처롭게 본 걸까? 자세히 묻지 않기로 했다. 그
저 남편이 눈으로 말했고, 나도 눈으로 답했다.

"애썼어."
"고마워."

엄마의
캐러멜
마키아토

다른 사람을 대할 땐 연애편지 쓰듯 했다.
한 자, 한 자 배려하고 공들였다.
그런데 백만 번 고마운 은인에겐
낙서장 대하듯 했다.

- 드라마 「폭싹 속았수다」

여든을 앞둔 엄마는 치매를 가장 두려워하신
다. 외할머니와 외삼촌이 오랜 시간 치매로 고생하셨
던 가족력 때문이다. 그 모습을 옆에서 지켜본 엄마는,
치매가 환자 본인보다 가족에게 더 큰 고통을 준다는
것을 잘 알기에, 그 공포가 더욱 크다. 그래서 노인정
에서 윷놀이를 하시고, 지자체가 운영하는 건강 프로

그럼에도 열심히 참여하신다. 다리와 허리가 아파도 농사일을 계속하시는 이유도 결국 치매를 예방하려는 노력의 일환이다.

가끔 멍하니 어지럽다고 하셔서 종합검진을 받았는데, 초기 치매 진단이 나왔다. 엄마의 불안감은 더욱 커졌다. 다리와 허리 치료는 미루시면서도 치매 치료는 서둘러 시작하셨다. 보건소에서 받은 진단서를 들고 서울의 치매 전문의를 찾아가 진료를 받기 시작했다. 그러나 치매는 완치될 수 없다는 의사의 말에 또한 번 좌절하셨다. 이제 할 수 있는 건 병이 더 악화되지 않도록 예방하는 것뿐. 약을 처방받아 6개월마다 진료를 받는 것이 일상이 되었다.

몇 번의 진료 동안 엄마는 시골에서 시외버스를 타고 서울로 오셨고, 동생들이 진료를 도왔다. 하지만 한 번쯤은 큰딸인 나노 노리를 해야겠다 싶어 언차를 내고 서울 터미널로 향했다.

버스에서 내린 엄마는 예전보다 훨씬 작아 보였다.

"엄마 살이 흘러내려 나한테 붙었나 봐. 엄마는 사랑만 주시면 되는데, 살까지 주셨네."

안쓰러운 마음에 농담을 건넸지만, 엄마는 진지하셨다. 빠른 걸음으로 택시 타는 곳으로 나를 안내하시더니, 막상 택시에 올라 병원 이름을 기억하지 못하셨다. 순간 불안했지만, 자주 다니는 병원이 아니니 그럴 수 있다고 스스로를 다독였다.

병원에 도착한 엄마는 내 손을 잡고 당당히 병원 로비로 들어가셨지만 곧 발걸음을 멈추셨다. 나도 함께 멈췄다. 예약한 의사 이름을 기억하지 못하셨다. 진찰실이 어디인지, 어떻게 의사를 만나야 하는지 막막해졌다. 다행히 동생이 도착하자 엄마 표정이 한결 밝아졌다. 동생을 따라 진료실 앞으로 향했다. 예약 번호를 입력하고 진료 시간을 다시 확인한 뒤, 한참 기다려서야 의사를 만날 수 있었다.

기다리며 동생은 엄마에게 증세를 어떻게 말할지 연습을 시켰다. 의사는 5~10분 밖에 진료하지 못하니, 정확히 이야기해야 했다. 그러나 의사 앞에 앉은 엄마는 준비한 말을 잊고 이렇게 말씀하셨다.

"이유 없이 기분이 나쁘고, 오늘은 병원 이름도 잊었어요."

"밥맛이 없고, 잠도 잘 못 자요."

"가끔 머리도 아파요."

나는 눈앞이 아득해졌다. 불현듯 죄송스러운 마음이 몰려왔다. 엄마가 너무 쓸쓸해 보였다. 체력저하가 우울증을 불러 치매를 더 악화시키는 건 아닐까 걱정이 앞섰다. 진료를 마치고 피곤하고 긴장하신 엄마를 모시고 근처 카페에 들어갔다.

"엄마는 뭐 드실래요?"

"나는 앉아만 있으면 된다."

"그래도 따뜻한 거라도 드셔요."

엄마의 의중을 살피며 묻는 나를 대신해, 동생이 주문했다.

"따뜻한 캐러멜 마키아토, 따뜻한 디카페인 아메리카노 두 잔, 고구마 케이크 한 조각 주세요."

엄마는 서울에서 마시는 커피가 제일 맛있다고 하셨다. 엄마는 정말 커피 맛을 느끼고 계시는 걸까?
"괜찮다."
"니들이 알아서 해라."
이런 말들 속에 담긴 다른 의미를 읽어내야만 한다.

"엄마, 시골 가면 친구들이랑 카페 가셔서 '캐러멜 마키아토 주세요'라고 해보세요."
나는 웃으며 말씀드렸다.

"엄마, 그냥 '달달한 커피 주세요' 하시면 돼요."
냅킨을 건네며 동생이 말한다.

엄마가 캐러멜 마키아토를 주문할 일은 없겠지만, 동생은 엄마 언어로 주문하는 법을 알려드렸다. 언젠가 엄마의 마음과 언어가 또렷이 독해되는 날이 올까?

시골의 여름밤

저는 집이라는 공간에 매력을 느낍니다.
집은 저에게 사람과 안식처, 기억과 꿈을
상징하기 때문이지요.

- 앨리스 달튼 브라운

❋

크고 오래된 나무 대문의 비명 소리는 여름방
학마다 알람이 됐다. 엄마는 수탉 울음소리보다 먼저
들에 나가셨다가, 나팔꽃이 뒷집 할머니 틀니 뺀 입술
모양이 될 무렵이면 땀에 흠뻑 젖고 흙먼지를 뒤집어
쓴 채 들어오셨다. 눈곱도 떼지 않은 나는 커다란 주
전자를 들고 물을 벌컥벌컥 들이키는 엄마를 신기하

게 바라봤다.

엄마는 자식들이 배고플까 봐, 씻을 겨를도 없이 부지런히 된장찌개를 끓이고, 풋고추와 상추, 호박잎을 곁들여 아침상을 금세 차려내셨다. 여섯 식구의 숟가락들이 마치 합주하듯 경쾌하게 부딪힌다. 호박나물이 없다고 투덜대는 남동생의 불협화음도 잠시, 곧 모든 식구가 식사를 마친다.

설거지 차례를 두고 동생과 실랑이가 벌어지지만, 엄마의 레이저 같은 눈빛에 결국 동생이 설거지통 앞에 선다. 밥상을 치운 뒤에는 수박을 쪼개 먹는다.

엄마 잔소리가 들려오면 방학 숙제를 펼칠 시간이다. 마루에 큰 상을 펴고 각자 숙제를 가져와 앉는다. 어제 일기를 쓰지 않았던 여동생은 일기를 쓰고, 탐구생활에 식물채집이 있다는 핑계로 남동생은 밖으로 뛰어나간다. 막내는 스케치북에 색연필로 그림을 그리며 시간을 보낸다.

갑작스럽게 소나기가 내리면, 마당에 널어놓은 빨

래와 고추를 걷어 들이느라 온 집안이 분주해진다. 비 오는 날에는 엄마가 감자를 넣은 수제비를 만들어 주셨다. 반죽하는 엄마 손놀림을 구경하며, 우리도 엄마 옆에서 밀가루 반죽을 떼어 내어 멸칫국물에 넣는다. 처음에는 재미있게 반죽을 떼어 넣다, 얼마 지나지 않아 지루해져 반죽 조각은 점점 커진다.

점심상에 둘러앉아 수제비를 먹으며 "이건 내가 넣은 거야.", "아니야, 나는 하트 모양으로 넣었어."라고 조잘대는 사이, 수제비 한 그릇이 금세 사라진다.

한낮 더위가 심해지면, 엄마는 마당 나무 그늘 아래 큰 통을 놓고 물을 가득 채워 주셨다. 큰놈 작은놈 할 것 없이 물장난이 시작된다. 큰 통 속 물이 넘쳐 마당이 흥건해지는 것도 잠시, 뜨거운 태양 아래 금세 물기는 마른다. 찐 옥수수와 삶은 감자를 먹으며 놀다 보면, 해가 저물고 서늘해지기 시작한다. 하나둘씩 물에서 빠져나오지만, 입술이 파래진 막내는 더 놀겠다고 떼를 쓴다. 결국 엄마의 단호한 손길에 번쩍 들어 올려져 물놀이는 끝난다.

신나게 물놀이를 마친 뒤 낮잠 시간이 찾아온다. 마루에 나란히 누워 잠든 사이, 엄마는 다시 들로 나가신다. 콩밭을 매고, 고추를 따고, 잡초를 뽑고, 농사일은 끝이 없다.

엄마가 돌아오실 때면 손에는 가지와 호박이 들려 있다. 아침에 호박나물이 없다고 징징대던 아들을 위해서다. 엄마의 부지런함 덕분에 또 한 상이 금세 차려진다.

퇴근하신 아빠 앞에서 오늘 하루 있었던 일을 신나게 조잘대는 네 마리 참새가 있다.

김장하는
날

진정 모든 변화는 생각으로부터 일어나는 것이다.
생각의 눈은 삶에서 어디에 햇살이 깃들고
어디에 반가운 여름비가 오는지 찾아주어야 한다.
삶의 구석구석을 응시하면서 말이다.
삶에 햇살을 찾아주는 것도, 가뭄 속에 간직된 비 향기를
기억해 내는 것도 생각의 노력에서 시작한다.

- 서동욱, 『철학은 날씨를 바꾼다』

김장 시즌은 언제나 마늘 냄새로 시작된다. 저녁마다 엄마와 할머니는 까기 힘든 작은 마늘을 까신다. 실하고 좋은 마늘은 이미 네 형제의 학비로 바꾼 지 오래다. 저녁상을 치우고 드라마를 보며 까기 시작한 마늘은 좀처럼 줄어들 기미가 없었다. 나는 숙제를 핑계로, 마늘 냄새를 핑계로 슬그머니 도망치

곤 했다. 마늘이 끝나면 곧 생강 차례였는데, 그 냄새 또한 만만치 않았다. 마늘 냄새와 생강 냄새가 뒤섞인 방에 있으면 마치 김장독 속에 앉아 있는 듯했다.

배추는 밭에서 머리띠를 두르고 출발을 기다렸다. 흰 운동복을 입은 무도 옆에서 차례를 기다렸고, 태양과 맞서 싸운 고추도 준비를 마쳤다. 얼음이 얼고 서리가 내리기 전, 배추가 얼기 전에 서둘러야 했기에 집안은 더 분주해졌다.

아빠가 배추를 도려내면 우리는 한 포기씩 집으로 날랐다. 여러 포기를 한꺼번에 옮기면 금방 끝날 것 같지만, 배추는 좀처럼 줄지 않는다는 것을 깨닫고는 한 포기씩 나른다. 동생도, 할머니도 함께 나르다 보면 어느새 집에는 배추 산이 쌓였다.

이제부터는 본격적인 고난도 작업이 시작된다. 한여름 야외 풀장이 되어 주던 커다란 통에 미지근한 물을 붓고 소금을 넣어 소금물을 만든다. 한쪽에서는 젓국을 달이기 시작하는데, 그 냄새는 상상을 초월했다.

냄새가 온 동네에 퍼지면 후각이 마비된 개와 들고양이조차 조용해졌다. 어른들은 맛있는 냄새라고 했지만, 우리는 코를 쥐어 잡고 방으로 도망치고 싶어졌다. 그러나 아궁이에서 구워지는 고구마의 유혹 때문에 그마저도 포기할 수 없었다. 고구마를 먹고 나면 다시 일이 기다리고 있었다. 배추를 소금물로 옮기는 일은 우리가 맡았다.

사남매가 나란히 서서 배추를 한 포기씩 날라주면, 할머니는 배추를 차곡차곡 통에 쌓으셨다. 커다란 통 여러 개가 가득 차면 비로소 사남매의 일은 끝나고, 어른들의 작업이 본격적으로 시작됐다. 배추 상태를 보며 이 통에서 저 통으로 옮겨 가며 절이는, 끝이 없는 작업이 이어졌다.

절인 배추를 씻는 일은 아빠와 엄마의 몫이었다. 차가운 물과 무거운 배추를 함께 다루며 손발이 얼어붙어도 멈출 수 없었다. 그렇게 힘든 일을 마치고 나서야 서울에서 작은아버지와 작은어머니들이 도착했다. 정작 고생은 다 엄마가 하셨는데, "내려오느라 고생했으니 좀 쉬라"는 할머니 말씀이 왜 그리도 미웠는지. 효녀도 아닌 내가, 작은아버지가 운전했는데, 왜 작은 어머니가 힘드냐며 볼멘소리 했던 그때, 엄마의 흐뭇한 표정을 보고서야 '그래도 밥값은 했구나' 싶었다.

작은어머니들은 커다란 무를 씻어 썰고, 파와 갓도 다듬어 넣었다. 미리 까둔 생강과 마늘은 커다란 절구에 넣어 작은아버지들이 찧었다. 명절에는 여자들만 바쁜데, 김장하는 날에는 남자들에게도 할 일이 주어졌다. 배추를 나르고 씻고, 무를 썰고, 김장독을 묻을 준비까지. 구덩이를 파고 독을 묻으며, 짚으로 지붕과 울타리까지 세웠다.

어른들이 배추 헹구는 소리는 여름 장맛비 소리처럼 들린다. 빗소리가 멎고 식사가 끝나 밥상을 치울 즈음이면 동네 아주머니들이 하나둘 모였다. 방 한가운데 커다란 양념통이 놓이고, 우리는 아주머니들 앞으로 배추를 쌓아 올렸다. 하얀 배추가 빨간 옷을 입으면 곧 김장독으로 옮겨졌다. 김치를 받아든 할머니는 배추를 정성껏 독에 담으셨다.

"기와집 아줌마가 버무렸나, 너무 양념이 많네. 에고, 이건 네 엄마가 버무렸구나. 배추가 참 얌전하다."

할머니는 배추만 보아도 누가 버무렸는지 알아맞히셨다. 그 모습이 늘 신기했다.

배추가 제법 줄어들 즈음, 아빠는 커다란 솥에서 잘 익은 고기를 꺼내 썰기 시작했다. 김치와 수육, 막걸리를 앞에 두고 아주머니들의 목소리는 점점 커졌다. 시어머니 흉도 보고, 남편 자랑도 하고, 자식 걱정도 하며 어느새 배추는 김치로 변해 갔다. 양념과 배추가 딱 맞아떨어질 때면, 할머니는 자신이 얼마나 눈썰미가 좋은지 여러 번 이야기하셨다.

고생하신 아주머니들 손에는 김치 한 통씩 들려졌다. 감나무 집 할머니가 당부하셨다.

"내일은 우리 집으로 와요."

각자 가져온 김치통에 김치를 담고, 마늘, 고추, 배추, 호박, 무까지 차 트렁크에 가득 싣고 작은아버지들이 떠나셨다. 남은 우리는 할머니, 엄마와 함께 읍내 목욕탕에 갔다.

지금 생각하면, 시어머니와 며느리가 서로 등을 밀어주는 모습이 다소 어색하지만, 그때는 잔치 뒤풀이였고, 목욕을 마친 뒤 짜장면으로 김장을 마무리했다.

할머니는 이제 돌아가셨고, 김장 양도 예전보다 줄었지만, 목욕탕 뒤풀이는 여전히 이어지고 있다.

시장의
맛있는
손길들

그는 자신이 원하는 대로 둘 것이다.
그리고 기쁘거나 괴롭거나,
그들은 한발 한발 끝까지 그를 따를 것이다.
지금 그는 그들의 영웅이고 그들은 그를 사랑했다.

- 파트리크 쥐스킨트, 『승부』

＊

늦은 오후, 남편과 함께 반야월시장에 갔다. 혼잡한 주차장에 차를 대고 나면 본격적인 시장 여행이 시작된다. 고소한 기름 냄새에 이끌려 호떡을 샀다. 임신했을 때 천 원에 두 장 먹었던 것이 마지막 기억이었는데, 이제는 천오백 원이라 하니 놀라 한 개만 샀다. 너무 뜨거워 남편에게 건넸다.

시장에서 신선한 쌈 채소 한 바구니를 사고, 가을이면 꼭 먹어야 하는 연근과 우엉도 샀다. 대봉감이 눈에 들어와 살까 말까 망설이다가 다음을 기약했다. 그러다 잊고 있던 호떡이 생각나 남편 손을 보니 없었다. 먹으라고 준 줄 알고 다 먹었단다. 뜨거운 호떡을 먹느라 고생했다고 툴툴거렸지만, 그냥 참았다. 여기는 시장이니까.

생선을 파는 곳마다 꽃게가 가득했다.

"싱싱한 꽃게 사세요!"

"살아있는 꽃게 잡아가세요!"

"맛있는 꽃게탕, 꽃게찜 해 드세요!"

사장님들의 유혹을 뿌리치며 구경만 하려 했다. 하지만 꽃게가 너무 많아 안 사면 손해일 것 같았다. 결국 한 마리를 더 준다는 말에 마음이 기울어 꽃게를 샀다. 따라오던 남편이 당황한 눈빛으로 나를 쳐다봤다. 걱정을 넘어 두려움이 가득한 표정이었다. 하지만 오늘은 꽃게를 사야 하는 날로 방금 내가 정했다.

"어떻게 손질해요?"하고 묻자, 바다로 뛰어들 것 같은 꽃게를 봉지에 담아 주며 휴대폰으로 검색하라고 하셨다. 꽃게 봉투를 남편 손에 쥐여 주고 다시 시장을 둘러보았다.

달달하고 고소한 냄새에 끌려 도착한 곳은 족발집이었다. 몇몇 사람들이 줄을 서 있었고, 직원들은 열심히 고기를 썰고, 할머니는 족발을 팔고 계셨다.

느릿느릿한 걸음으로 가게 안쪽에 다녀오신 할머니가 줄 서서 기다리고 있는 사람에게 물었다.

"몇 개 살 거야?"

내 앞에 서 있던 세 사람은 한두 개씩 포장해 간다고 했다. 할머니가 말씀하셨다.

"몇 개 안 남아서 그래."

원래는 한 개만 사서 맛을 보려 했다. 그런데 나도 모르게 "세 개 주세요."라고 말해버렸다.

그러자 할머니는 "이 아줌마까지 팔면 오늘 끝."이라고 하셨다. 왠지 큰 행운이 찾아온 것 같았다. 로또에 당첨된 기분이 이런 걸까? 오늘은 뭔가 좋은 일이 있을 것 같아 마냥 좋았다.

　내 뒤에는 유모차를 끌고 임부복을 입은 여자가 남편 손을 잡고 서 있었다. 할머니는 단호하게 말했다.
　"이 아줌마까지 팔면 족발 없어. 다음 장에 와요."

　그러자 여자가 조심스레 물었다.
　"아기가 먹고 싶다고 했는데… 한 개만 안 될까요?"
　하지만 할머니는 고개를 저으며 "없어."라고 대답했다. 부부는 유모차를 끌고 돌아섰다. 순간, 나의 욕심 때문에 젊은 부부와 아이의 행복을 빼앗은 것 같은 기분이 들었다. 그러나 포장된 족발의 양을 보니, 건장한 네 식구가 먹으려면 세 개쯤은 필요하다는 생각이 들기도 했다.

　시장 보따리는 점점 무거워지고 다리도 아팠다. 남편 손에 든 꽃게가 꿈틀거리는 것을 보니 더 이상 장 보기를 이어갈 수 없었다. 집에 가자고 하자, 남편은 주차장 방향을 곧장 찾아냈다. 남편 뒤를 따라가며 노란 감, 빨간 사과 같은 싱싱한 과일을 사고 싶은 유혹을 겨우 뿌리치고 주차장에 도착했다.

출발하려던 차안에서 아까 그 부부와 아이를 보았다. 족발 한 팩을 꺼내 아이 손에 쥐어 주며 말했다.

"꼬마야, 집에 가서 엄마 아빠랑 먹어요."

두 손으로 받아 든 아이는 "고맙습니다."라고 인사했다. 순간의 당황도 사라지고, 환한 미소로 인사하는 가족을 뒤로한 채 꿈틀거리는 꽃게와 걱정 한가득인 남편과 함께 집으로 향했다.

혼주석
로맨스

우리 다 행복했으면 좋겠어,
쨍하고 햇볕 난 것처럼 구겨진 것 하나 없이.

- 드라마 「나의 해방일지」

＊

      순백의 드레스를 입은 신부와 멋진 턱시도를
차려입은 신랑이 주인공인 결혼식장에 들어섰다. 환
하게 웃는 예비부부의 얼굴이 눈부시다. 식장 입구에
는 두 사람의 사랑을 증명하는 사진과 영상이 가득하
다. 나 역시 축복의 마음을 담아 두 사람을 응원한다.

몸에 익숙지 않은 새 옷을 입고, 어색하지만 평생 지었던 미소보다 더 많은 미소를 짓고 있는 혼주들이 눈에 들어온다. 화려한 새 옷 아래 굽은 어깨에는 세월의 무게가 고스란히 느껴지고, 당당히 서 있는 구두 속에는 감춰진 굳은살이 느껴진다.

어느 순간부터는 주인공인 신랑 신부보다 혼주의 모습이 먼저 보인다. 결혼을 하고 아이를 낳아 기르고, 그 아이가 자라 결혼식을 올리는 날을 맞이한 혼주가 누구보다 행복해 보인다.

이제 나도 언젠가는 식장 입구에서 손님들을 맞이할 나이가 된 것일까. 신랑 신부의 알콩달콩한 사랑보다, 두 사람을 키워낸 혼주들의 사랑과 수고가 더 궁금해진다. 그들의 삶과 노고에 마음이 더 쓰인다.

예식이 시작된다. 당당히 걸어 들어오는 신랑, 뒤이어 오늘의 주인공인 신부가 입장한다. 혼주석에 앉아 박수를 치는 부모들의 얼굴이 환하다. 오늘 부부가 된 아이들이 이 날처럼 환한 미소로 행복하게 살아가길 기도하며, 혼주는 더욱 큰 박수를 보낸다.

나는 혼주들을 향해, 오랜 세월 정성과 사랑으로 아이들을 길러낸 당신들의 노고에 힘껏 박수를 보냈다.

2부
———

무엇으로
걷고 있나요

무엇으로
걷고
있나요

✳

    햇살이 따스한 오후, 할머니와 손자가 나란히 걷는다. 두 사람의 발걸음이 겹쳐지며 하나의 풍경이 된다. 조잘조잘 이어지는 대화가 궁금해 나도 모르게 그 뒤를 따른다.

    할머니 이마에는 구슬 같은 땀방울이 맺히고, 손자의 구슬 같은 눈망울은 호기심으로 반짝인다. 뛰기 시작한 손자의 발걸음을 겨우 따라가며, 할머니는 마음으로, 사랑으로 걷는다.

    이제 다른 방식으로 사랑을 전해야 할 시간임을, 두 사람의 걸음이 말해 준다.

아침
소리

✳

주말 아침, 혼자 식탁에 앉아 있다. 가족들은 늦잠을 즐기고 있다. 남편 코 고는 소리, 알람 소리, 뒤척이는 침대의 삐걱거림이 집안을 채운다.

부엌 창문 너머로는 맑고 파란 하늘이 펼쳐져 있다. 드문드문 들리는 자동차 소리 사이로 새들의 지저귐이 섞여 들어온다. 아직 하루의 분주함이 시작되지 않은 덕분에 모든 소리가 한층 선명하게 들린다.

집안의 따뜻한 소리와 바깥세상 소리가 겹쳐지며 오늘은 어떤 일상이 펼쳐질지, 잔잔한 기대가 차오른다.

문의
발견

＊

　　매일 문을 열고 닫는다. 익숙한 문을 열 때도 있고, 낯선 문을 만나기도 한다. 어제는 쉽게 열리던 문이 오늘은 온 힘을 주어야 열리기도 한다. 어제 열었던 문이 오늘 마주한 문과 같다고 확신할 수 없다.

　오늘은 문을 열고 닫는 그 순간을 의식적으로 느껴 본다. 문 하나를 열고 나설 때마다, 그 문이 내게 건네는 의미를 조금 더 깊이 생각해 본다. 오늘의 문이 내일의 문과 얼마나 다를지, 그 차이를 마음속에 새겨본다.

궁금한
길

＊

또각또각, 화면을 채우는 소리가 들린다. 하
얀 마음 위로 길이 생겨난다. 그 길을 따라 걸음을 옮
긴다. 걸음을 이어가다 보면 갈림길이 나타난다. 나는
한쪽 길을 택해 걷는다. 그러나 다른 길이 문득 궁금
해진다. 그 궁금함을 안은 채 다시 발걸음을 옮긴다.
궁금함은 나와 함께 걷는다. 하지만 어느 순간, 내가
멈추자 궁금함도 함께 사라진다.

엘리베이터의
여자

＊

　　출근길, 겨우 잡은 엘리베이터에서 한 여자를
만났다. 그녀의 얼굴에는 자잘한 주름이 깊게 패였고,
머리카락은 흑백 영화처럼 희끗희끗했다. 서로 인사
를 나눌 여유도 없이, 각자의 하루로 흩어졌다.
　　모니터와 한 몸이 되어 시간을 견디다 보니, 어느새
퇴근 시간. 퇴근길 엘리베이터에서 다시 그녀를 만났
다. 주름은 여전했고, 흑백영화도 여전히 상영 중이었
다. 하지만 퇴근길, 그녀의 장바구니 속에 맥주가 보였
다. 그녀가 주연처럼 반짝였다.

다른
길

✳

자동차를 타고 달린다.

자전거를 타고 달린다.

탄다.

달린다.

걷는다.

같은 길,

다른 모습.

길이 되는 걷기.

무슨
생각했더라

✳

    오늘 아침, 눈을 뜨면서 무슨 생각했더라. 자동차에 올라 시동을 켜고 출발하면서 무슨 생각했더라. 쌓여 있는 낙엽을 보며 무슨 생각했더라.

    제일 먼저 출근한 사무실 책상에 앉아 무슨 생각했더라. 파란 잉크 같은 하늘을 올려다보며 무슨 생각했더라. 자판 위를 날아다니는 손을 바라보며 무슨 생각했더라.

    퇴근길, 집으로 향하는 대신 동네를 한 바퀴 돌아본다. 오늘 나는 무슨 생각했는지, 이제야 생각해 본다.

문의
마음

＊

현관문을 열면 또 다른 세상이 펼쳐진다. 아침의 부산스러움이 먼지처럼 남아, 나를 기다린다. 가족들의 흔적이 알록달록하게 흩어져 있지만, 그 모습은 단풍의 낭만과는 거리가 멀다.

전투복으로 갈아입는다. 현관문을 활짝 열고 청소기를 돌린다. 익숙하지만 점점 멀어지고 싶은 마음을 안고, 안방 문을 연다. 구석구석 숨어 있는 먼지를 모두 걷어 내기보다는 눈앞에 보이는 솜뭉치부터 빨아들인다. 매일 돌리는 청소기도 잡아내지 못하는 먼지들의 놀라운 생존력에 감탄한다. 노안 3년 차 눈에만 잡히는 먼지다.

TV 앞에 놓인 컵을 치우고, 화장대 위에 방치된 리모컨을 제자리로 옮긴다. 오래된 무거운 청소기를 잠깐 돌렸을 뿐인데, 벌써 허리와 어깨가 아파온다.

안방을 나서면서, 청소를 끝낸 방을 다시 돌아본다. 풍경은 달라진 게 없다. 잠시 문을 열고 들어가, 잠깐 머물다 나온 것뿐이다. 그 사실을 아는 사람은 나뿐이다.

그동안 가족들에게 내 수고를 알리고 싶었던 마음을 문득 마주한다. 그 마음의 문을 조용히 닫고, 나는 다시 다른 문을 향한다.

같은
시간

✳

　같은 시간을 살아간다. 해가 뜨고 지는 시간의 흐름을 느낀다. 태어나 걷고 학교를 다니고 졸업하며 어른으로 성장한다. 우리는 모두 같은 시간을 걷는다.

　그런데 정말 같은 시간일까? 어쩌면 각자의 시계를 품은 채 살아온 것은 아닐까? 혹은 같은 시계를 보도록 강요받으며 살아온 것은 아닐까?

같음에서
다름을

＊

　　욕망은 때로 누군가의 기만으로, 때로는 누군
가의 깃발로, 또 다른 이의 길로 나타난다. 그것은 마
치 대지가 다양한 씨앗을 품고 키워내는 모습과 닮아
있다.

　우리는 같은 공기를 마시고 같은 시간을 살아가지만,
그 안에서 서로 다름을 키워내는 삶을 꿈꾼다. 같은
뿌리에서 자라나도, 각자의 꽃을 피우는 그런 삶을.

아이와
어른과
어둠

✳

    어둠을 두려워하던 아이는 어느새 어둠 속에서 즐거움을 찾는 법을 배운다. 어둠을 피해 도망치던 아이는 자라면서 오히려 그 어둠을 찾아 헤맨다.

    어둠의 편안함을 쫓던 어른은, 마침내 그 편안함을 이용하는 어른이 된다. 그러나 어둠을 길들였다고 믿는 순간, 사실은 어둠이 어른을 길들였다.

아들과
어둠

✳

어릴 적, 아들은 어둠을 무서워했다. 학교에서 돌아와 혼자 아파트 복도를 걷는 것이 두려워 늘 마중을 나오라 했다. 잠들지 못하는 밤이면 베개를 안고 안방 문을 두드렸다. 잠들 때까지 침대에 같이 있어 달라며 애교를 부렸다. 엄마가 침대에서 떨어질까 봐 벽에 찰싹 붙어 공간을 마련해 주었다. 내가 토닥토닥 등을 두드려주면 금세 잠들곤 했다.

청소년이 된 아들은 어둠을 즐기는 법을 터득했다. 길고 무섭던 복도는 짧아졌고, 침대에 누워 잠을 몰아내며 게임을 즐겼다. 더 이상 안방 문을 두드리지 않았고, 오히려 내가 두드린 방문을 반기지 않았다. 토닥

토닥 등을 두드리며 같이 누웠던 침대는 커버린 아들을 겨우 감당하고 있다.

엄마와 아들 사이에 알 수 없는 어둠이 내려앉았다. 아들을 지켜보던 엄마는 이제 어둠이 무서워지기 시작한다. 아들 방 앞을 서성이며, 그 어둠이 사라지길 빈다.

거울
닦기

✳

욕실 거울을 닦는다.

서툰 아들의 면도 자국을 닦는다.

화장을 지운 딸의 흔적도 닦는다.

남편이 노안으로 놓친 먼지까지 닦는다.

거울이 맑게 빛난다.

깨끗하다.

이제 모든 것이 선명하다.

사라진 것은 무엇일까.

다음엔, 조금 덜 닦아야겠다.

같은 곳을
걷지만
같은 곳을
향하지 않는

✳

사유가 행동으로 이어진다.

행동은 다시 사유를 낳는다.

그러나 둘은 언제나 같은 목적지를 향하지 않는다. 때로는 행동이 마음을 흔들고, 또 다른 때에는 움직임이 생각으로 이어진다.

그렇다고 마음과 움직임이 늘 같은 방향을 보는 것은 아니다. 마음과 몸, 사유와 행동은 같은 길을 걷지만, 각기 다른 풍경을 바라본다.

우리는 함께 살아가지만,

결국 함께 떠나지 못한다.

하루가
책으로

＊

시간이 모여 한 문장을 만든다.

익숙함이 쌓여 한 페이지가 된다.

특별하지 않은 하루가 모여 한 권의 책이 된다.

삶이라는 책이다.

연필
산책

✳

공책 위에서 연필이 사각사각 걸어간다.

그 발걸음 소리가 좋아 한참을 멈추지 않고

쓴다.

소리를 더 듣고 싶어, 나는 연필과 함께 걷는다.

바람도 향기도 그 길을 따라 나선다.

네모난 세상이 걸어 나와 일상이 된다.

평범한
힘이
아니라

＊

일상의 힘은 평범함이다.

평범함의 힘은 익숙함이다.

익숙함의 힘은 편안함이다.

모아

＊

흙이 모여 차갑게 열정을 품으면 그릇이 된다.
단어가 모여 따뜻하게 일상을 품으면 글이
된다.
그 글은 곧 삶이다.

일상은
번데기
주름

✳

번데기에서 화려한 나비로 날아오르는 삶을
꿈꾼다. 지금의 일상은 번데기의 주름 같은
시간이다. 그 주름을 하나하나 신나게 만들어
가는 일에 집중해 본다.
나비가 되는 건, 그다음의 이야기다.

고요한
새벽

✳

새벽의 고요는 희망을 품고 있다.

유혹을 이겨내고 의지로 맞이한 이 시간은

내게 주어진 특별한 선물 같다.

온전히 나 자신과 마주하는,

가장 순수한 순간이다.

오늘

✳

일상은 시간을 모아 삶이 된다.

시간은 일상을 품어 오늘을 만든다.

하나

＊

바다 같은 하늘은 폭풍을 품고
바다를 꿈꾼다.
하늘 같은 바다는 구름을 품어
하늘로 보낸다.
바다와 하늘은
결국 하나다.

마음과
이해

＊

누군가의 뒷모습에 마음이 머무를 때,

그제야 그 사람의 앞모습이

비로소 이해되기 시작한다.

익어
가기

＊

평범함과 익숙함이

익어가기 시작하면,

잔치를 시작할 때다.

3부

일상으로
향하는 걸음

일상으로
향하는
걸음

인간은 지향(志向)이 있는 한,
방황하느니라.

- 요한 볼프강 폰 괴테, 『파우스트』

＊

일상으로 향하는 걸음에는 두려움이 없다. 그저 걷는 일, 몸에 새겨진 습관처럼 자연스럽다. 걸어야 하는 이유가 있겠지만, 그 이유를 따져 묻지 않는다. 묻지 않아도 되는 이유, 굳이 알아야 할 필요가 없는 이유다.

몸이 이미 기억하고 있기 때문이다.

오늘도 걷는다.

걸어야 할 거리가 정해져 있다. 그 거리를 어떻게 걸었는가, 그것이 다를 뿐 우리는 각자 자신이 정한 거리, 혹은 주어진 거리를 걸어야 한다.

그런데, 꼭 걸어야 할까? 이 걸음을 멈추고 걷는 이유를 다시 찾아보면 어떨까? 이유는 분명히 있었을 것이다. 다만 잊었거나, 더 이상 중요하지 않게 되었을 뿐.

이제는 잠시 멈추어 숨을 고르며, 걸어야 하는 이유를 다시 찾을 때다.

매일 걷던 길 위에서 문득 걷는 이유가 궁금해진 건 왜일까? 발이 아프기 시작했기 때문일까, 아니면 오래 신은 신발이 낡아버렸기 때문일까.

지금은 걸음을 멈추고, 그 이유를 찾아야 할 때인지도 모른나.

마트 모드
아니고
출근 모드

난 과거를 생각지 않소.
중요한 것은 영원한 현재뿐이지.

- 서머싯 몸, 『달과 6펜스』

＊

30년 넘게 직장 생활을 하면서 출근할 때 입는 옷에 대한 내 생각도 많이 변했다. 한때는 정장과 구두가 내게 긴장감을 주는 전투복처럼 느껴졌다. 그러나 결혼하고 임신을 하면서는 굽이 높은 구두 대신 낮은 구두를 신었고, 정장보다는 허리 라인이 없는 옷을 택했다.

시골에서 도시로 이사 와 처음 출근한 날, 도시 직장인의 차림새에 긴장했던 나는 다시 정장 전투복을 입고 나섰다. 그런데 관리자는 청바지를 입고 있었다. 상상조차 못한 일이었다. 청바지와 셔츠 차림의 관리자가 너무도 신선하게 다가왔다. 내가 불편해 보였는지, 그는 환하게 웃으며 말했다.

"편하게 입어야 건강에 좋아요."

그 후로 나는 조금씩 더 편안한 옷차림으로 출근하기 시작했다. 그런데 얼마 전, 출근하는 나를 배웅하던 딸이 물었다.

"엄마, 오늘 출근하는 거 아니지?"

"왜? 오늘 출장도 가야 하는데."

"엄마, 마트 가는 옷 같아. 긴장감 좀 가져야 하지 않을까?"

나는 허리도 아프고, 어깨도 불편해서 편하게 입어야 한다는 핑계를 늘어놓았지만, 순간 조금 민망했다.

편안함을 추구하다가 기본적인 예의마저 잃어버린 것
은 아닌가 하는 생각이 들었다.

한때는 출근 복장을 전투복처럼 여겼고, 지금은 작
업복으로 생각한다. 일하기 편하고 안전한 작업복을
입어야 일의 효율도 높아진다고 믿는다.

전투복에서 작업복으로.
이제는 다음 단계로 어떤 마음가짐을 택할지 고민
한다. 얼마 남지 않은 직장 생활에서 어떻게 마음을
다스릴지도 함께.

무대에 오르는 배우가 입는 의상처럼, 적절한 긴장
감과 편안함이 공존하는 옷차림. 이제 작업복 모드에
서 무대 의상 모드로의 전환이다.

내 통장의
금융감독원

어쩌면 내일 날이 맑을 거야.

- 버지니아 울프, 『등대로』

✳

"금융감독원입니다. 000 씨 맞으신가요? 잠
깐 통화 가능하십니까?"

"네, 맞는데요. 어디라고요? 금융감녹원이라니, 무
슨 일인가요?"

"네, 000 씨 맞으시고, 여성이시죠?"

서울 지역 번호로 걸려 온 전화였다. 업무상 저장되지 않은 번호로 연락이 오는 경우가 있기에, 나는 의심을 덜고 통화를 이어갔다.

"네, 그래요."

"범죄조직을 수사하던 중 000 씨 계좌가 발견되어 연락드립니다."

"무슨 범죄요? 어떤 계좌가 연루되었나요?"

"농협 계좌입니다. 지금 확인해 주실 수 있습니까?"

"정말요? 저, 농협만 거래하는데요."

"농협에 가입된 통장이 몇 개나 있으십니까?"

그 순간, 갑자기 서늘한 바람이 스쳐 지나가는 듯 20년 전의 기억이 소환되었다.

"범죄에 연루되었다고요? 잠깐만요. 제가 통장이 몇 개인지 잘 모르겠는데요. 중요한 건가요? 대답을 못 하면 어떻게 되나요? 저는 잘못한 게 없는데… 혹시 범죄조직에서 제 돈을 빼 갔나요? 아니면 입금이 되었나요? 계좌번호를 불러주시면 안 될까요? 죄송한

데, 제 명의로 된 모임 통장도 있고, 엄마 비자금 통장
도 있어서요."

"저기요, 통장이 몇 개인지 모르신다는 건가요?"

"네, 잘 모르겠어요. 확인해서 연락드리면 안 될까
요? 지금 걸려 온 이 번호로 다시 연락드리면 되죠?"

"아닙니다. 통장 개수는 중요하지 않고요. 주로 거
래하는 통장의 계좌번호와 비밀번호를 알려주십시
오."

벌벌 떨며 전화를 이어가던 내 모습을 유심히 지켜
보던 직원이 갑자기 휴대폰을 낚아채더니 통화를 끊
어버렸다.

"왜요? 지금 중요한 전화인데요."

"옆에서 들어보니 보이스피싱 같은데요. 다시 걸어
보세요."

"설마요."

통화 버튼을 누르니, '없는 번호'라는 음성이 흘러

나왔다. 그러나 곧바로 다른 번호로 전화가 다시 걸려
왔다. 받을지 말지 망설이다가, 만약 보이스피싱이 맞
다면 범인을 잡아야겠다는 의협심이 발동했다. 직원
이 운전하는 차를 타고 곧장 경찰서로 향했다.

나는 종이에 '제가 지금 보이스피싱 범인과 통화 중
입니다. 잡을 수 있을까요?'라고 적어 경찰관에게 건
넸다. 경찰관은 '피해를 보셨습니까?'라고 물었다. 내
가 아니라고 답하자, 휴대폰을 건네 달라고 했다.

"저는 OOO 경찰서 경찰입니다. 무슨 일인가요?"

"금융감독원입니다."

"열심히 일해서 돈을 버세요."

그렇게 말한 후 경찰관은 전화를 끊었다.

"잡을 수는 없는 건가요?"

그때 다시 전화가 걸려왔다. 순간 당황스럽고 겁도
났지만, 나는 침착하게 대답했다.

"제가 얼마 전에 농협 통장을 모두 해지했어요."

그리고 전화를 끊었다. 그러나 또다시 전화가 올까

봐 하루 종일 신경이 쓰였다.

개인정보는 이미 노출된 지 오래였다. 20년 전에도 이런 일이 있었으니, 지금은 더 많은 곳에 공개되었을 것이다. 만약 그때의 경험이 없었다면, 그리고 조금만 다른 이야기로 접근했다면, 나는 쉽게 보이스피싱에 당했을지도 모른다.

걱정스러운 마음에 가족 카톡방에 이 사연을 남겼다. 그러자 아들이 댓글을 남겼다.

"엄마, 통장이 많아?"

보이스피싱 전화만큼 서늘한 질문이었다.

"통장만 많아."

경계해야 할 대상에, 어쩌면 가족도 포함될지 모른다.

평범한
건강
검진

나는 다정의 효능이나
시의 효능에 대해 골몰한다

감동 그리고 따뜻한 시선과 관심…
받겠냐?

   - 고선경, 『샤워젤과 소다수』

*

   미뤘던 건강 검진을 받는 날이라 전날 저녁부터 금식을 시작했다. 한 달 전부터 운동으로 몸무게를 줄이겠다는 계획만 세웠을 뿐, 실천은 하지 못했다.

   병원은 아침 일찍부터 검진을 받으러 온 사람들로 붐볐다. 이유는 알 수 없지만, 병원에 들어서면 사람이 조금 어리숙해지는 것 같다. 눈앞에 '접수'라고 커다랗

게 적힌 안내문이 있어도, 습관처럼 묻게 된다.

"건강 검진 접수하는 곳이 어디인가요?"

그러면 돌아오는 대답은 뻔하다.

"정면에 '접수'라고 적힌 곳으로 가세요."

문진표를 받았지만, 가족이라면 어디까지 포함해야 하는지, 첫아이를 언제 낳았는지 등 기억이 가물가물하다. 시험 치듯 작성해 제출했더니, 작성하지 않은 곳이 많다고 형광펜으로 표시해 준다. 다시 작성해 제출하고는 떨리는 마음으로 기다릴 수밖에 없다.

이제는 검진 항목에 대해서도 상담을 받는다. 기본 검진을 받은 뒤, 중년 여성에게 필요한 항목을 추천받아 추가 검진을 진행하기로 했다. 그리고 검진복으로 갈아입는다.

할머니와 아들로 보이는 중년 남자가 안내를 받고 있었다.

"속옷 벗으시고, 바지 두 개 중 파란색은 속에 입으시고, 분홍색은 겉에 입으세요. 속에 입는 바지에 천이

한 겹 더 있는데, 그쪽이 엉덩이로 가게 입으셔야 돼
요."

두 사람 모두 이해하지 못한다. 반복된 설명 끝에
아들은 이해했지만, 할머니는 여전히 알아듣지 못하
신다. 안내를 기다리는 사람들이 점점 늘어나 자 상황
은 혼잡해졌다. 친절하지만 사무적인 설명이 다시 이
어졌지만, 할머니는 끝내 이해하지 못하셨다.

할머니 손에 무겁게 들려 있던 바지를 내가 받아 들
었다.

"할머니, 저 따라오세요. 병원에 오면 저도 긴장해
서 잘 못 알아들어요."

할머니는 순순히 나를 따라오셨다. 바지를 두 개 겹
쳐 놓고 "덧댄 천이 있는 쪽을 뒤로 가게 입으시면 돼
요."라고 설명해 드리자, 할머니는 이렇게 쉬운 이야기
를 왜 그렇게 어렵게 설명하는지 모르겠다고 하셨다.

옷을 다 갈아입은 할머니를 모시고 나오니, 중년 아
들이 허리를 깊이 숙여 여러 번 인사했다.

초음파 검사부터 시작했다.

"벽을 향해 오른쪽으로 누우세요."

"벽, 어느 벽이요? 오른쪽이 어디더라? 그래, 밥 먹는 손. 그런데 내가 어느 손으로 밥을 먹더라?"

병원에만 오면 왜 이렇게 긴장이 되는 걸까? 숙제를 안 한 아이처럼 자꾸만 선생님 눈치를 살피게 된다.

작년의 오늘도 그랬듯, '내일부터는 꼭 운동해야지' 하고 다짐해 본다.

먼 훗날
우리 모습
같아

밝음은 뜨거움으로 이어지고 뜨거움은 봄으로
봄은 은총으로 이어지면서 그 가치를 더합니다.

- 단테 알리기에리, 『신곡: 천국』

*

　　주말이면 남편과 함께 시장에 간다. 어릴 적
엄마를 따라다니던 오일장 추억 때문인지, 시장에 가
면 기분이 좋아진다. 시장 물건들도, 시장을 찾는 사람
들도 정겨워서 여행을 겸한 시장 나들이는 언제나 즐
겁다. 이번 투어 장소는 처음 방문하는 화원시장이다.
이곳은 상설시장도 있지만, 1일과 6일에 정기적으로

크게 장이 선다.

　방문하기 전에 주차장 위치와 유명한 먹거리를 미리 살펴보고 갔다. 화원시장은 칼국수와 국밥이 유명하다고 해서 점심시간에 맞춰 도착했다. 시장은 사람들로 붐볐고, 칼국수 집은 번호표를 들고 기다리는 사람들로 가득했다. 음식을 먹기 위해 줄을 선다는 것이 이해되지 않았지만, 맛이 궁금해 대기표를 받아 들었다. 여덟 팀만 식당을 나오면 들어갈 수 있었다. 음식 특성상 오래 걸리지 않을 것 같아 기다리기로 했다. 대부분 시장을 찾은 부부와 어르신들이라 맛에 대한 기대는 더욱 커졌다.

　할머니 한 분이 다가와 칼국수 사 먹는 줄이냐고 물으셔서, 식당 입구에서 대기표를 받아야 한다고 알려드렸다. 잠시 후 받아오신 할머니 손에는 3번이 아닌 10번 표가 들려있었다. 20분을 기다렸지만 대기자는 고작 세 팀 줄었을 뿐이었다.

　"음식 냄새 맡으면 더 배고픈 법이지"라며 할머니

는 시장바구니에서 홍시를 꺼내 내 손에 쥐여 주셨다. 고들빼기를 사러 왔다가 혼자 밥 먹기 싫어 시장에서 한 끼 해결하려 한다는 말도 덧붙이셨다. 거절하면 무 안해하실까 봐 홍시를 맛있게 먹으며 "더 기다리지 마시고 같이 드시죠."라고 청했다.

여럿이 함께 먹을 생각에 할머니는 약간 들뜨신 듯 보였고, 덩달아 내 기분도 좋아졌다. 그러나 예상과 달리 대기줄은 더디게 줄었다. 기다림이 길어졌다.

그때 할머니께서 "아이고, 저 할아버지 장에 오셨네. 혼자 밥은 먹고 다니시나 몰라." 하시며 지나가는 할아버지와 반갑게 인사를 나누셨다. 잠시 대화를 나눈 뒤, 할머니는 나를 보며 "같이 먹으면 안 될까요?"라고 하셨다. 줄은 비어 있었지만, 어딘가에서 매의 눈으로 지켜보는 사람이 있을 것 같아 거절하기도 애매했다. 처음부터 내가 자초한 일이니, 할머니께 2번 번호표를 드리고 두 분이 함께 드시라고 했다.

새로 받은 번호표는 15번이었다. 할머니께 얻어먹은 홍시 덕분에 배도 덜 고팠고, 의욕도 사라져 결국 줄 서기를 포기했다. 미안해하시는 어르신들을 뒤로

하고 본격적인 시장 투어에 나섰다.

맛있던 홍시가 생각나 시장 구석구석 대봉감을 찾아봤지만, 아쉽게도 보이지 않았다. 다음을 기약하며 뻥튀기 집에서 방금 나온 따끈한 강냉이를 한주먹 얻어먹었다.

후한 시장 인심에 커다란 봉지를 집어 들자, 그건 영업용 사이즈라며 남편이 작은 봉지를 내밀었다.

시장의 빨간 떡볶이에 식욕이 돋아 순대와 어묵까지 주문했더니 진수성찬이었다. 맛있게 먹는데, 조금 전 번호표를 드렸던 어르신이 반갑게 인사해 주셨다. 버스를 타러 가던 길에 우리를 발견하신 모양이었다.

"덕분에 잘 먹었소. 그런데 우리 때문에 칼국수도 못 먹고 주전부리만 하고 가서 어쩌누."

미안하다는 말씀도 잊지 않으셨다. 뭘 사러 시장에 왔냐고 하시기에, "구경 삼아 왔다가 주신 홍시가 맛있어서 내봉감을 사려 했는데, 없더라고요."라고 답했나.

그러자 할아버지는 "우리 집에 대봉 감나무가 있는데 먹을 사람이 없어서 난처하다오."라고 하셨다. 극구 사양했지만, 정색을 하시는 바람에 두 어르신을 모시고 그 댁으로 향했다.

　작은 시골 마을, 그러나 교통이 불편하지 않은 곳이었다. 오래된 집 마당에는 감이 주렁주렁 매달려 있어서 마치 그림 같았다.

　할아버지는 40kg짜리 쌀자루를 건네시며 "자루는 얼마든지 있으니 마음껏 따 가오."라고 하셨다. 한 바구니만 따면 되는데, 따는 재미에 남편과 나는 한 자루 가득 담았다.

　밭에 고구마와 고추도 있으니 가져가라는 말씀이 이어졌다. 친정이 시골이라 많이 받는다며 사양하고 집을 나서려는데, 이미 노을이 감나무에 걸려 있었다.

　할아버지는 환하게 등을 켜주고 싶은데 고장 났다고 미안해 하셨다. 사다 놓은 등이 있지만 높아서 교체를 못했다고 했다.

　남편은 감을 차에 싣고, 감 따던 사다리를 놓고 등을 교체해 드렸다. 집이 훤해졌다며 할아버지는 정말 고마워하셨다. 그러고는 어느새 마늘과 양파를 한 아름 가져오셔서 차에 억지로 실어주셨다.

감나무 위에는 등처럼 하얀 달이 걸려 있었다. 우리는 서둘러 집을 나섰다. 하얀 달빛 아래서 손 흔드시는 할아버지를 백미러로 한참을 바라보았다. 남편의 시선도 나와 다르지 않았다. 우리는 한동안 말없이 달빛 가득한 도로를 달려 집으로 향했다.

긴 침묵을 깨고 남편이 말했다.

"다음 주엔 처가에 가자."

그다음 주는 시댁에 가야겠지. 손 흔드시는 할아버지의 모습에 부모님 모습과 언젠가 닮아갈 우리의 미래가 겹쳐 보였다.

가을날
반차 쓰고
붕어빵을
먹다가

어떻게 기억되고 싶은가요?
모르겠어요. 아마도 광대일 것 같아요.

- 베르나르 뷔페

*

오랜만에 버스로 출근했다. 도로에는 낙엽이
가득하다. 버스 안 승객들의 옷차림은 계절을 가늠하기
어렵다. 짧은 반바지에 운동화를 신은 사람도 있고, 따
뜻한 코트를 입은 사람도 있다. 짧은 시간이지만 다양
한 사람들을 만나는 것이 버스의 매력이다. 그러나 단
점은 출근에 너무 많은 에너지를 소모한다는 것이다.

달달한 커피로 당을 충전하고 업무를 시작했지만, 일이 좀처럼 풀리지 않는다. 주말에 운동을 하지 않아서 몸도 무겁다. 기분 전환이 필요하다는 생각에 반차를 쓰기로 했다.

새로 생긴 동네 독립서점에 가보자는 설레는 마음으로 걷기 시작했다. 평소 자동차로 퇴근하던 길을 따라 걸어가 본다. 낙엽을 밟으며 걷다 보니 고소한 냄새에 이끌려 붕어빵을 하나 샀다. 팥을 듬뿍 품은 붕어빵을 입에 물고 걸으니, 기분이 한결 나아졌다.

소품이 아기자기하게 꾸며진 카페 앞에서 한참을 망설였다. 커피를 마시며 잠시 쉬고 갈까? 혼자 조용한 시간을 보낸 게 언제였는지 기억도 나지 않는다. 하지만 오늘의 목표는 독립서점이다. 커피는 과감히 포기하고 서점으로 발걸음을 옮겼다.

어떤 책들이 기다리고 있을까? 서점 주인은 어떤 사람일까? 커피도 같이 팔면 좋겠다. 벌써 몸이 가벼워지고 에너지가 충전되는 기분이다.

그때 남편에게서 전화가 왔다.

"퇴근할 때 데리러 갈까?"

"아니, 출장."

평화를 방해받고 싶지 않았다.

"어디로 가는데?"

"바빠, 일해야 해."

"뭐가 바빠. 붕어빵 먹으면서."

깜짝 놀라 주변을 살피니, 반대 차선 갓길에 익숙한 남자가 손을 흔들고 있었다. 일찍 일을 마친 남편이 집에 가는 길에 나를 본 것이다. 혹시나 하는 마음에 차를 세우고 전화를 걸었는데, 그 여자가 바로 나였다.

남편의 장난에 붕어빵 맛은 밍밍해졌고, 급격하게 에너지가 방전됐다. 차라리 다시 출근해서 일하고 싶어졌다.

오싹한
전화벨

나는 겁이 많은 사람.
그래서 가끔 용감해집니다.

- 최진영, 『어떤 비밀』

*

　전화가 울린다. 누구의 전화인지 확인하지 않아도 불안감이 스며든다. 서둘러 받지 않는다. 평소 진동으로 설정해 두었던 전화가 언제부터 벨소리로 바뀌었는지 궁금해진다. 그 이유를 찾기 위해 기억을 되짚어 본다. 그러나 집요하게 울리는 벨소리가 복기를 방해한다. 아무리 생각해도 떠오르지 않는다.

어제 늦잠을 잤다. 청소도 했다. 지하철을 탈 때는 분명히 진동이었다. 영화관에서는 심지어 무음이었다. 영화관을 나와서 벨소리로 바꿨던가? 아니다. 서점에서 책을 보다가 진동을 느끼지 못해 부재중 전화를 확인했다.

하루 종일 있었던 일 가운데 진동이 벨소리로 바뀐 순간을 도무지 찾아낼 수 없다. 불안감은 짜증으로 변해 간다. 이유를 알아내야 전화를 받을 수 있을 것 같은, 이상한 집착이 스며든다.

집에 오기 전, 카페에 들러 두 시간 동안 책을 읽었다. 그 사이였을까? 정말 알 수 없다. 대체 어느 지점에서 벨소리로 바뀐 걸까. 꼭 알아내고 싶다. 더는 기다릴 수 없다. 그러나 이미 전화는 멈췄다. 잠시 후 다시 전화가 울린다. 이번엔 수신인을 확인해 본다.

"여보, 왜 전화를 안 받아? 진동으로 해놓으면 안 받을까 봐 소리로 바꿔 놨는데, 계좌번호 문자로 보냈어. 입금 부탁해."

나 홀로
연휴를
보내고 싶어

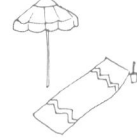

태양은 두 번 다시
오늘처럼 빛나지 않을 거야.

— 헤르만 헤세, 『클링조어의 마지막 여름』

＊

한 해가 마무리될 즈음 새 달력이 나오면, 가
장 먼저 공휴일을 확인한다. 공휴일이 얼마나 되는지,
주말에 공휴일이 겹치면 아쉬운 탄식을 내뱉는다. 그
다음 가족들 생일, 제사, 명절을 체크한다. 매년 크고
작은 행사가 있다. 친척의 결혼식, 졸업, 이사 같은 중
요한 이벤트를 제외하면 특별한 계획은 없다. 매년 새

달력을 펼치며 매번 기도하는 것은 단 하나, 가족 모두 건강하기를 바라는 마음이다.

연휴가 있으면 벌써 마음이 흐뭇해진다. 아이들이 어릴 적에는 집에서 삼시 세끼를 챙겨야 한다는 부담감 때문에 어디든 데리고 나갔다. 남편이 없는 연휴에는 더더욱 집 밖으로 나섰다. 그런데 어느새 자란 아이들이 동행을 거부한다.

"잘 다녀오세요."

인사와 함께 휴대폰을 챙겨 방으로 들어가는 아이들. 아이들과 함께하지 않는 여행은 의미가 없다고 여겼지만, 이제는 주말이면 혼자서라도 집을 나선다.

동네 뒷산을 오르고, 조금 더 멀리 등산도 간다. 예쁜 카페를 기웃거리며 즐거움을 찾는다. 독립서점과 대형서점을 부지런히 찾아다닌다. 도서관도 예외는 아니다. 도서관엔 다양한 책들이 넘쳐나고, 심지어 보고 싶은 책을 신청하면 구입까지 해 준다. 지자체에서 가꾼 공원은 또 얼마나 아름다운지, 관심을 기울이고 유심히 바라보면 어디든 낯선여행지가 된다.

새해 연휴에는 다른 계획을 세워본다. 가족이나 부모님과 함께하는 시간 대신, 나를 위한 시간을 준비한다. 직장인으로, 엄마로, 자식으로 완벽하지는 않았지만 나름의 몫을 다해 왔다고 믿으며 스스로에게 주는 선물 같은 시간이다.

아침에 원하는 시간에 일어나기. 청소하지 않기. 삼시 세끼를 챙기지 않고 먹고 싶을 때 먹기. 보고 싶은 책 읽기. 영화 보기. 맥주를 마시며 만화책 보기. 이 모든 행복한 일을 하려면 연휴로는 부족할 것 같지만, 우선순위를 잘 정하면 가능해 보인다.

우선 가족들에게 이번 연휴는 혼자 보내고 싶다고 말해야 한다. 미안한 마음에 한참을 망설였지만, 돌아온 대답은 의외로 가벼웠다.

"네!"

순간 서운함이 스쳤다.

"혼자 뭐 하실 건가요?"라는 질문조차 없었다. 이렇게 쉬운 걸 왜 이제야 결정했을까.

연휴를 기다리며 일상의 혼돈을 인내한다. 직장 스

트레스를 견디고, 매 끼니를 채워야 하는 불편함도 감내한다. 가다 서기를 반복하는 교통 체증조차 무덤덤하게 받아들인다.

드디어 이번 주말이 연휴다. 슬기로운 여행을 위해 짐을 꾸리기 시작하니 설렘이 찾아온다. 날씨가 조금 쌀쌀하니 긴 옷을 챙길까? 한낮은 더울 테니 반팔 셔츠도 필요하겠지? 맥주도 챙길까? 아니, 사서 마시면 되겠지. 별별 고민에 행복하다.

그러다 문득 '국은 뭘 끓여 놓지? 김치찌개가 좋으려나? 라면도 사야 하고, 마른반찬도 챙겨야겠지? 과일도 사놔? 청소는 미리 해두는 게 낫겠지. 세탁기 돌리는 법도 알려줘야겠다.' 겨우 1박 2일 집을 비울 뿐인데, 1년 치 걱정을 늘어놓는다. 이러면 안 된다.

짐은 간단하게, 마음은 가볍게 챙기자. 짧은 여행이 익숙해지면 언젠가는 장기 여행도 도전할 수 있겠지. 나와 같은 생각을 가진 지인들을 떠올려 본다. 아직 혼자는 두렵다. 그래도 언젠가는 혼자서도 훌쩍 떠

날 수 있으리라.

　새 달력의 연휴 날짜에 형광펜으로 커다란 동그라미를 그린다.

평범한
건강
검진 2

우리가 사는 이유는
삶을 던져버리기 위해서가 아니라
그것을 극복하기 위해서라고 말했다.

- 마르셀 라이히라니츠키, 『나의 인생』

✳

세월이 체력과 판단력을 약하게 만들었고, 생
각과 마음도 덩달아 작아졌다. 나의 약해지고 작아진
체력을 회복하기 위해 운동과 음식에 신경을 쓰기 시
작했다. 이제는 몸과 마음에 더 많은 관심을 기울일
때다.

몸과 마음이 조금만 아파도 자가 치유가 어려워졌

다. 그래서 자본의 도움을 받아야 한다. 아프면 병원에 가고, 쉬면서 체력을 회복해야 더 큰 아픔에 대비할 수 있다.

20대 때 건강 검진은 그저 하루 쉬는 날이었다. 검진을 빨리 마치고 무엇을 할지 궁리하기에 바빴다.

30대 때는 건강 검진이 일종의 이벤트였다. 평소에는 등원이나 등교를 배웅하지 못했지만, 검진 날은 아이 손을 잡고 유치원 버스를 태워 보내며 손 흔들어 줄 수 있었다. 귀가하는 아이를 안아줄 수 있는 특별한 날이기도 했다.

40대가 되자 건강 검진은 '숙제 검사'처럼 느껴졌다. 한 해 동안 잘 먹고 잘 살았는지 확인받고, 앞으로 무엇을 챙겨야 할지 점검받는 날이었다. 하지만 숙제는 늘 많고 귀찮아 내일로 미루고 싶어졌다.

50대에 이르자 건강 검진은 두려움으로 다가왔다. 이제는 숙제 검사가 아니라 대학 합격자 발표를 기다리는 것처럼 절박한 기분이 들었다.

올해도 건강을 위해 나름대로 준비했지만 완벽하지 못했다. 결국 일주일 동안 벼락치기를 했다. 검진 3일 전부터 식단을 조절하고, 단단한 견과류와 섬유질 많은 채소, 해조류를 피했다.

가장 사랑하는 술도 멈췄다. 현미밥도 백미로 바꾸고, 전날은 아침에는 흰죽을 먹은 뒤 점심부터 금식을 시작했다.

가족들은 내 사정을 아랑곳하지 않고 삼겹살을 구워 먹고 치킨을 시켜 먹었지만, 나는 참았다. 예전에 남편 건강 검진 때 내가 저지른 실수를 떠올리며 이를 악물었다.

드디어 검진 전날, 장을 비우기 위한 작업에 돌입했다. 몇 년 전 장내시경을 시도했지만 약을 제대로 먹지 못해 포기했던 기억이 있어 이번에는 더욱 긴장됐다.

600cc의 생수를 마시고 알약 14개를 30분 안에 삼켜야 했다. 이어서 1시간 동안 1.5L의 생수를 마셔야 했고, 이 과정을 두 번 반복해야 했다. 평소 물을 잘 마

시지 않는 나에게 600cc 생수부터가 고역이었다.

맥주 600cc는 원샷이 가능한데, 왜 물은 이토록 힘든 걸까. 생수를 사약처럼 겨우 마셨다. 배 속은 금세 바다가 되어 태풍이 몰려오기 직전처럼 요동쳤다.

다시 시작된 물 마시기.

2시간 동안 억지로 2.5L를 들이켰다. 고문을 당하는 기분이었지만, 몸을 많이 움직여야 원활하게 분출된다는 설명을 떠올리며 집안을 서성였다. 집안일을 할 의지도 의욕도 사라졌다.

드디어 검진 날이 되었다. 배는 고프고 잠도 설쳐 몽롱한 상태로 병원에 도착했다. 아침부터 병원 로비는 검진 받으려는 사람들로 북새통이었다.

이제부터는 컨베이어 벨트 위에 올라탄 기분으로 여기저기 이동해야 했다.

"몇 층으로 가세요." 하면 순한 양처럼 이동하고, "이제 어디로 가세요." 하면 "네." 하고 또 이동했다. 왜 병원에 오면 이렇게 순한 양이 되는 걸까.

대장내시경과 위내시경을 함께 받았다. 잠깐 눈을 감았다고 생각했는데 검사는 이미 끝나 있었다. 익숙한 침대처럼 편안하게 누워 있는 자신을 발견했다.

검사 결과는 곧바로 모니터로 확인할 수 있었다.

"모두 정상입니다. 위가 조금 늙어가네요."

의사는 담담하게 말했다. 장기도 늙어가는 것이 당연한 순리라고 했다.

몇 층을 순회한 끝에 겨우 검진을 마치고, 오늘 나온 결과를 가지고 상담을 받았다.

"운동하시고요, 단백질 많이 챙겨 드세요. 해마다 몸무게가 계속 증가하시네요. 살은 빼셔야 하는 거 아시죠?"

시간과 돈을 투자해 받은 결과는 뻔했지만 절실한 이야기였다. 올해도 예상했던 점수를 받은 셈이다. 내년 시험을 위해 다시 준비하자.

출근길에
쏟아지던
물음표

시는 무엇이고 갈래는 몇 가지이며,
각 갈래에는 어떤 특징의 효과가 있는가?
좋은 시가 되려면 플롯을 어떻게 구성해야 하는가?

- 아리스토텔레스, 『시학』

＊

출근길은 언제나 여유가 없고 마음이 급하다.
변함없이 밀리는 앞차의 꽁무니를 따라 운전한다. 신
호등 때문에 정차하고, 차가 많아 멈추기를 반복하며
사무실 방향으로 가고 있다고 생각했다. 그런데 어느
순간, 내가 사무실과 반대 방향으로 가고 있다는 것을
깨달았다. 그걸 인지하는 데 3초가 걸렸다. 하지만 이미 차는 반대 방향 차선에 들어서 있었다. 유턴하는 데만 15분이나 걸렸다. 지각할 수도 있다는 걱정보다는 앞차를 아무 생각 없이 따라갔다는 사실이 더 두려웠다.

이 두려움의 원인은 무엇일까? 내가 무심코 따라가고 있는 것은 무엇일까? 그것은 내가 진정 제대로 따라가야 할 것일까? 왜 따라가고 있을까? 그 이유는 무엇일까? 나는 무엇을 따라가고 있는 걸까? 한꺼번에 수많은 물음표가 쏟아져 나왔다.

겨우 제시간에 출근해 급한 업무를 처리하면서, 그 물음표들이 사라지길 기다렸다. 하지만 물음표는 사라지지 않았다. 사라지지 않는 물음표들을 애써 외면하며 일에 집중했다. 다시 잠잠해지기를 기다리면서.

꽃을 좋아하시는 엄마를 위해 벚꽃놀이를 다녀왔다. 올해는 서울 사는 동생 동네로 엄마를 모시고 갔다. 허리가 아프신 엄마는 오래 걷는 게 어렵다. 주말에 다녀온 여행은 엄마의 건강을 더 걱정하게 만든 여행이었다.

동생이 엄마와 함께 찍은 사진을 보내왔다. 더 깊어진 주름이 가득한 사진 속 엄마는 무표정이다. 엄마 표정이 아쉽지만, 그것도 우리 엄마 특유의 모습이다. 동생이 엄마가 의식하지 않을 때 찍은 사진도 함께 보내왔다. 밥 먹는 아들을 흐뭇하게 바라보는 사진이었다. 그 표정 속에는 안쓰러움, 행복함, 고마움, 걱정이 모두 담겨있었다.

그 순간 깨달았다. 엄마는 평생 자식에 대한 사랑을 따라가고 있었구나. 그리고 여전히, 최선을 다해 그 사랑을 따라가고 있다는 것을.

다시, 꾹꾹 눌러놓았던 물음표들이 튀어 오른다.

지금 내 삶은 무엇을 따라가고 있는가? 내가 살고 싶은 삶을 살고 있는가? 어떤 삶을 살고 싶은지 찾았나? 쏟아지는 물음표를 하나하나 주워 모아 본다. 질문 속에 답이 있다고 하지 않았던가.

날아오는
사랑

너무 빨라요. 서로 쳐다볼 시간도 없어요. 몰랐어요.
모든 게 그렇게 지나가는데, 그걸 몰랐던 거예요.
데려다주세요. 산마루 제 무덤으로요. 아, 잠깐만요.
한 번만 더 보고요. 안녕, 이승이여, 안녕. 우리 읍내도
잘 있어. 엄마, 아빠, 안녕히 계세요. 째깍거리는 시계도,
해바라기도 잘 있어. 맛있는 음식도, 커피도, 새 옷도,
따뜻한 목욕탕도, 잠자고 깨는 것도.
아, 너무나 아름다워 그 진가를 몰랐던 이승이여, 안녕.

- 손턴 와일더, 『우리 읍내』

✳

　　　퇴근 후 집에 도착하니 현관에 커다란 택배
상자가 두 개나 놓여있다. 혼자 옮길 무게가 아니라
집 앞에서 박스를 개봉한다. 안에는 햅쌀, 고구마, 밤,
마늘, 양파, 도라지, 고추, 호박, 파김치까지. 집 앞에

야채가게와 반찬가게를 오픈한 듯하다. 한 달에 한 번, 시골에서 날아오는 부모님의 사랑이다.

부모님은 감정 표현에 서툰 분들이다. 사랑한다는 말은 고사하고 머리를 쓰다듬어 주시거나, 눈을 맞추고 미소를 짓는 일조차 거의 없으셨다. 손자, 손녀를 보고서야 비로소 "우리 강아지", "사랑한다"라는 말을 서툴게 꺼내셨다.

자식에 대한 사랑을 음식과 곡식으로 대신 전하신다. 허리가 아프고 다리에 힘이 없어도 자식에게 뭐라도 보내고 싶은 마음에 농사일을 놓지 못하신다. 그런 마음을 알기에 그만하시라고 하면 "농사라도 지어야 건강도 챙기고 치매도 안 걸린다"며 서툰 핑계를 대신하신다.

햅쌀로 밥을 짓고, 호박나물과 도라지무침, 된장찌개를 끓여 밥상을 차린다. 파김치가 맛있다는 내 말에, 부모님은 또 파김치를 담그실 기세다. 사랑이 파마냥 빳빳하고 시퍼렇다.

지하철 막차 시간이 임박했는데 딸은 아직 돌아오지 않았다. 코로나19로 누리지 못한 대학 생활의 한을 대학 축제 기간에 푸는 중이다. 벌써 3일째 술 냄새를 풍기며 집에 들어왔다.

"택시는 위험하니까, 막차는 꼭 타라. 너무 늦으면 데리러 갈 테니 전화해라."

눈을 못 뜨는 딸에게 신신당부한 것도 모자라 여러 번 장문의 메시지를 보냈지만, 답은 없었다. 9시가 넘어서 10통 넘는 카톡을 보낸 후에야 겨우 "막차 기다리는 중"이라는 답이 왔다. 남편은 지하철역으로 마중을 나가고, 나는 꿀물을 탄다. 사랑이 술에 희석되어 딸에게 제대로 닿지 않는 것 같다.

옆집에서 인터폰이 울린다. 호박죽을 덜어 가라고 하신다. 작은 냄비를 들고 갔더니, 문 앞에서 쫓겨났다. 큰 냄비로 바꿔 오라고 하신다. 결국 국 냄비를 가져갔더니, 그것도 작다고 하신다. 새알과 콩까지 넣은 호박죽을 한 냄비 가득 주셨다. 소고기뭇국도 덤으로 담아주신다.

종이 상자에 담아온 고구마를 두고, 도망치듯 집으로 돌아왔다. 부모님이 농사지어 보내주신 귀한 고구마를 준다며 오히려 더 고마워하신다.

고구마를 한 솥 삶았다. 내일 출근길에 경비원 아저씨께 드리고, 아침을 거른 직원들과 나누어 먹을 생각이다. 책상 위에는 직원이 가져온 훈제 달걀 두 알이 놓여있다. 또 다른 직원은 커피를 양손 가득 들고 들어왔다. 아침부터 과식이다.

저녁 식사 후 산책 겸 운동을 위해 집 앞 학교 운동장에 갔다. 인조 잔디 구장에서는 축구부 학생들이 훈련 중이다. 학생들이 뛰는 소리, 공 차는 소리, 함성을 들으며 운동장 트랙을 걷는다. 아이들 에너지에 덩달아 다리에 힘이 들어간다.

몇 바퀴를 돌다가, 트랙 주변이나 운동기구 구석에 버려진 쓰레기가 눈에 들어온다. 모른 척 지나가려 했지만, 자꾸 마음에 걸린다. 우리 아이가 다니는 학교는 아니지만, 자주 운동하러 오는 곳이기에, 결국 몸을 굽혀 쓰레기를 줍는다.

운동의 신은
나를
홀대한다

그림은 흘러야 하죠.
저는 그림이 말하려고 하는 걸 멈추려 하지 않아요.

- 캐서린 번하드

＊

　운동의 중요성은 잘 알고 있다. 또한, 운동의 필요성도 절실히 느낀다. 그동안은 다이어트를 위한 운동만 생각했다면, 이제는 건강한 삶을 위한 운동의 절실함을 느끼고 있다. 체력이 떨어지고 잔병치레가 늘어나면서 운동의 필요성은 더욱 커졌다. 그런데도 왜 꾸준한 운동이 익숙해지지 않는지 이해할 수 없다.

내가 체계적으로 운동을 시작한 것은 테니스였다. 당시에는 자동차가 없어 버스로 출퇴근하며 테니스 레슨을 받았다. 퇴근 후 막차를 타기 직전까지 레슨을 이어갔지만, 게임할 시간은 부족했다. 주말에는 구력이 많은 동호인들이 코트를 차지해 초심자인 내가 게임에 참여하기는 쉽지 않았다.

1년 정도 레슨을 받으며 동호인들과 얼굴도 익히고, 게임 레슨을 부탁할 수 있을 만큼 용기도 생길 무렵, 코치가 갑자기 사라졌다. 부모님과 불화로 가출했다는 소식이었다. 서른이 넘은 남자가 가출을 해서 얼마나 버틸 수 있을까 싶어 곧 돌아올 거라 생각했지만, 한 달이 지나도 돌아오지 않았다. 결국 테니스를 접을 수밖에 없었다.

테니스 이후 시작한 운동은 스쿼시였다. 직장 동료와 함께 시작해 운동 친구도 있어 즐겁게 다녔다. 그러나 6개월쯤 지난 어느 날, 퇴근 후 코트에 갔더니 문이 굳게 잠겨 있었다. 임대료 미납으로 건물주가 코트를 봉쇄했다는 안내문이 붙어 있었다. 그렇게 스쿼시도 그만두게 되었다.

최근에 시작한 운동은 탁구였다. 운동을 싫어하는 아들과 함께할 운동을 찾던 중, 집 가까이에 있는 탁구장을 선택했다. 게임에서 이기기 위한 레슨이 아니라 기본 동작을 익히고, 개인 특성에 맞는 운동을 중시하는 관장님의 철학이 마음에 들었다. 아들은 운동을 귀찮아했지만, 관장님은 밀당하며 잘 이끌어 주셨다.

레슨이 끝나면 아들과 함께 서둘러 집으로 돌아왔다. 운동 후에는 집안일도 해야 했고, 체력이 남아 있지 않았기 때문이다. 그렇게 1년을 아들과 함께 다녔다. 아들이 고등학교에 입학한 뒤 학원 일정과 조율이 어려워져, 결국 나 혼자 다니게 되었다.

레슨을 1년 더 이어간 후에는 복식 게임에도 참여할 수 있었다. 게임에서 이기고 싶은 욕심이 생기면서 무릎에 무리가 갔고, 통증이 생겨 치료를 받으면서도 운동을 멈추지 않았다. 그러던 어느 날, 탁구장 관장이 바뀌었다. 새 관장은 승리를 위한 기술만을 중시하는 사람이었고, 마침 코로나19까지 겹치면서 탁구도 그만두게 되었다.

여러 운동을 전전하며 등산도 꾸준히 했다. 직장 산
악회 활동에도 열심히 참여했다. 하지만 운동을 멈추
고 나니 잔병치레가 늘어났다. 나이 탓도 있겠지만, 결
국 모든 이유가 다시 운동해야 하는 이유로 돌아왔다.

"오늘 저녁부터 다 같이 걷기 운동할 거야. 그런 줄
알아."

"엄마, 비 와."

"그래."

정신
챙기기

다만 저는 저를 도울 뿐이죠.
제가 저의 주인이니까요.

- 미겔 데 세르반테스, 『돈키호테』

＊

유난히 힘든 하루를 보내고 집으로 향하는
길, 허기와 함께 마음에 헛헛함이 스며든다. 퇴근길 도
로는 차량으로 가득하고, 구급차 사이렌 소리가 귀를
찌른다. 그 소리에 더욱 위축된 마음으로, 신중히 운전
하며 집에 도착했다. 너무 배가 고파 손이 떨리고 현기
증이 났다. 엘리베이터를 기다리는데, 익숙하지 않은

탄 냄새가 코를 찔렀다. 12층에 가까워질수록 그 냄새
는 점점 심해졌다. 집에 들어서며 말했다.

"당신, 일찍 왔네. 어느 집 할머니가 또 냄비 태우셨
나 봐. 우리 아파트 소방 관리 잘해야 하는데."

옆에서 듣던 딸이 피식 웃으며 말했다.
"엄마, 그 할머니가 아니라… 아빠야."

남편은 저녁 메뉴를 고민하다 가장 자신 있는 수육
을 떠올렸다고 했다. 냄비에 사과, 양파, 마늘을 넣고,
고기를 채반에 올린 뒤 불에 올리고, 30분이면 완성될
수육을 기다리며 방으로 들어갔다는 것이다. 처음에
는 맛있는 냄새가 나더니, 점점 타는 냄새가 나서 딸
이 주방에 나가 보니 연기로 가득 차 있었고, 냄비 뚜
껑은 요란한 소리를 내고 있었다. 다행인지 불행인지
오래된 아파트라 연기 감지기가 둔해서 소방차 출동
은 면했다. 사건의 전말은, 냄비에 물을 붓지 않아 채
소들이 숯이 되어버린 것이었다.

"큰일 날 뻔했잖아. 정신 어디에다 둔 거야."

남편에게 강한 정신교육을 해야 했지만, 배가 너무 고팠다.

"그래서 수육은?"

냄비의 생사보다 수육 상태가 더 궁금했다.

"사과랑 양파를 넉넉하게 넣었더니 고기는 익었어."

"일단 썰어 봐. 상추 있지?"

냄새와 걱정은 뒤로 미루고, 묵은 김치와 쌈장, 상추와 함께 수육을 빠르게 차렸다. 상추에 고기와 청양고추, 밥을 얹어 입에 가득 밀어 넣었다. 셋의 눈빛이 교차하고 손뼉이 마주쳤다.

"대박! 왜 이렇게 맛있지? 불 맛인가 봐. 최고다."

"딸, 맥주 가져와. 이럴 때는 마셔줘야지."

"엄마, 오늘 수업 없어?"

"마셔야 할 맛이야. 다행히 수업도 없고."

잔뜩 긴장했던 남편도 슬며시 소주를 꺼내왔다.

남편은 대구에서 자란 할머니의 금쪽같은 장손으로, 부엌에 들어가면 큰일 나는 줄 알고 자랐다. 여동생이 있어 더욱 부엌일과는 거리가 멀었다. 그런 사람이 결혼했다고 달라질 리 없었다. 자신이 먹은 밥그릇을 싱크대에 가져다 놓는 일조차 딸이 "아빠도 밥그릇 싱크대에 가져다 놓는 거야. 선생님이 그렇게 하는 거라고 했어."라고 알려줘야 겨우 했다.

이제 결혼생활 20년 차에 접어들며, 많은 지적과 잔소리 끝에 요리를 겨우 시작하게 됐다. 가끔 정체불명의 요리를 내놓고, 건강식이라며 귀여운 거짓말을 해도 찰떡같이 속아준다. 아니, 그 의욕의 불씨를 꺼뜨리지 않으려 최선을 다해 폭풍 칭찬을 하며 과식한다.

"요리의 완성은 설거지지."라는 말을 남기고 남편은 안방으로 미끄러지듯 들어갔다.

진짜 학원 간 아들을 잠시 잊을 정도로 맛있는 수육이었다. 역시 폭풍 칭찬과 과식만큼 좋은 동기 부여는 없다.

아! 아들.
"아들, 수육 먹을 거지?"

아들의 늦은 귀가로 수육을 못 먹였다는 안타까움에, 아침부터 수육을 올리고 욕실로 향했다.

"삐~삐~~삑"

씻는 중에 인터폰이 울렸다. 허겁지겁 욕실 문을 열었는데, 집 안에 연기가 자욱했다. 안방 문을 열고 나온 남편이 말했다.

"데자뷰인가?"

"관리실입니다. 12층에서 타는 냄새가 난다고 연락이 와서요. 댁은 아무 일 없으시죠?"
"네, 찌개 냄비를 태웠어요. 아침부터 죄송합니다."

문을 열고 환기를 시켜야 할지 고민하다가, 연기가 밖으로 나가면 또 다른 집에서 관리실에 연락하면 어쩌나 망설이고 있는데.

그때, 아파트 전체 방송이 흘러나왔다.

"관리실에서 알려드립니다. 오늘 아침 연기는 12층 주민이 냄비를 태워서 발생한 연기입니다."

부창부수(夫唱婦隨)라더니 부부가 나란히 똑같은 실수를 저질렀다.

"여보, 우리 치매 검사 한번 해볼까?"

"당신이나 받아. 나는 고기 살렸어."

그래, 치매든 건망증이든 부창부수란 그런 것이다.

"여보, 우리 저녁에 고등어 먹을까? 구이는 좀 그렇고, 조림은 어때? 묵은지 넣고 푹 끓이면 좋잖아. 치매 예방에도 좋고, 애들 머리도 좋아지고."

수첩에
있는
모든 번호

행복과 고통은 우리의 삶을 함께 지탱해 주는 것이며
우리 삶의 전체라고 할 수 있다.

- 헤르만 헤세, 『삶을 견디는 기쁨』

＊

    찬바람이 불기 시작하면 부고 문자가 늘어난
다. 계절이 바뀌는 것을 부고 문자로 느끼게 된다. 환
절기마다 확연히 늘어나는 부고 문자를 받을 때면 시
골에 계신 부모님이 떠오른다. '오늘은 전화라도 드려
야지' 다짐하지만, 그때뿐이다.

내가 처음 겪은 죽음은 외할아버지의 죽음이었다. 학교에서 돌아와 친구들과 놀다 집에 왔는데, 집이 깜깜했다. 동생들을 돌보지 않고 늦게 놀다 온 것이 들통날까 긴장했지만, 집 안에는 아무도 없었다. 어둠 속에서 불을 켜는 순간, 무서워 엉엉 울었다. 윗집 할머니가 대성통곡 소리를 듣고 뛰어오셨다. 외할아버지가 돌아가셔서 식구들은 모두 외갓집에 갔고, 연락이 닿지 않아 나만 집에 남겨졌던 것이다. 외할아버지의 죽음보다도, 가족이 나만 혼자 두고 떠났다는 사실이 더 큰 슬픔이었다. 윗집 할머니가 주신 홍시를 먹으며 꺽꺽 울었던 기억이, 죽음에 대한 나의 첫 기억이다. 그때 나는 알았다. 죽음은 속상함과 슬픔, 두려움과 혼자라는 감정이 한꺼번에 쏟아져 들어오는 경험이라는 것을.

직장 생활 중에도 죽음은 예기치 않게 다가왔다. 한 직원이 교통사고가 날 가능성이 거의 없는 한적한 길에서 갑작스럽게 사고를 당해 세상을 떠난 것이다. 사무실 전체가 공포와 충격에 휩싸였다. 며칠 전 그가 사무실 복도에 놓인 공중전화로 수첩에 있는 모든 번호에 전화를 걸며 안부를 묻던 모습이 떠올랐다. 특별한 용건이 아니라, 그저 무심한 안부 전화였다. 우리는 별난 성격이라고 무심히 넘겼었다. 그는 스스로 죽음을 예감하고 모두에게 마지막 안부를 전한 것일까? 만약 마지막 통화를 했던 사람들이 그 사실을 알았다면, 어떤 기분이었을까? 이 사건은 오랫동안 내 마음을 아프게 했고, 동시에 신비로움으로 남았다.

어릴 때는 어른들이 죽음을 맞이하며 예를 다하는 모습을 그저 지켜보기만 했다. 이제는 어느새 내가 그분들의 마지막을 준비해야 할 때가 되어 간다. 백수를 누린 시할머님의 장례를 치르시던 여든 넘은 아버님의 어깨를 보며, 죽음을 맞이하는 예가 결코 남의 일이 아님을 절감했다.

죽음을 미리 준비하는 부모님을 뵐 때마다 마음이 아프지만, 그것 또한 자식에 대한 사랑임을 깨닫는다. 나는 그 모습을 보며, 나 역시 어른이 되어 간다는 것을 실감한다. 죽음을 생각한다는 것은 곧 삶을 진지하게 성찰한다는 뜻이다. 어떻게 살아가고 싶은지, 어떤 삶을 꿈꾸는지 묻는 순간, 이미 삶은 깊어진다.

나는 언젠가 삶의 마지막을 평온히 맞이하고 싶다. 아무 준비 없이 무심히 죽음을 맞고 싶지 않다. 삶을 읽고, 쓰고, 말하는 모든 행위가 곧 나의 삶이다. 그 과정들이 쌓여 인생이라는 책을 만들어 간다.

모든 이의 삶은 하나의 고전이다. 세월을 견디며 많은 이들에게 검증받은 고전이 아니더라도, 각자의 삶을 고전으로 만들려는 의지가 깃들어 있다. 누군가의 서가에 꽂히지 않더라도, 누군가의 가슴에 남을 수 있다면 그것으로 족하다. 아니, 서가에 놓이지 않아도 괜찮다. 시간이 흐른 뒤 발견되는 고전도 있으니까. 기억되는 죽음도, 잊히는 죽음도 모두 아름답다.

아는
나이

행복한 삶은 선한 삶과 대단히 흡사하다.

- 버트런드 러셀, 『행복의 정복』

✳

"언니, 요즘 주식 공부하고 있어? 아직도 적금만 들고 있는 건 아니지?"

"유튜브도 보고 기사도 읽고는 있는데, 마치 외국어 같아."

"그래도 꾸준히 해 봐. 일확천금을 노리라는 게 아니라, 적금만으로는 재테크하기 어려우니까 대안을 찾아야지. 계속 들여다보면서 감을 잡아 봐."

몇 년 전부터 동생과의 대화는 항상 주식 공부 이야기로 끝난다.

"애들 고등학교 졸업하면 어디로 이사 갈까? 좀 더 넓은 평수로 가자. 아파트값이 잘 오르는 곳, 교통도 편리한 곳을 알아보자. 아파트로 노후 자금을 마련해야지."

"그래, 그렇게 하자. 어디가 좋을까?"

퇴근 후 돌아온 남편과 함께 부동산 사이트를 이곳저곳 검색한다.

"어머니, 수학 성적이 잘 안 오르네요. 학원에서 열심히 하는데 집에서도 열심히 공부하죠?"

"네, 선생님. 책상 앞에 오래 앉아는 있어요."

"어머니, 내년이면 고3인데 더 신경 쓰셔야 돼요."

학원 선생님의 말씀을 들으니, 마치 꾸중이라도 들은 듯 마음이 쓸쓸하다.

"엄마, 무슨 책 읽어?"

"플라톤의 '국가'야."

"교과서에 나오는 그 책 읽는 거야? 이해는 하고 읽는 거야?"

"어…… 뭐, 다 이해된다면, 엄마 여기 없다. 만나기 어려워져."

삶을 살아가면서 고민해야 할 문제도 많고, 풀어야 할 과제도 많다. 중년이 되면 조금은 여유로워지고, 경험을 바탕으로 시원하게 답을 내릴 수 있을 거라 생각했다. 그러나 실상은 그렇지 않다. 나이가 들수록 문제는 더 강도 높고 복잡해진다.

가장 어렵고 힘든 과제는 아이들의 교육, 돈, 인간관계, 그리고 건강이다. 아는 사람들과의 대화도 결국 이 네 가지 주제로 모인다. 중요한 문제이니만큼 풀어야 하지만, 경험상 그 어느 하나도 멋진 답을 내놓을 수 없었다. 정답이 없는 문제라는 걸, 아는 나이는 된 것이다.

슬픔은
운동이 되고
맥주가 된다

사막이 아름다운 건 우물을 숨기고 있기 때문이야.
- 앙투안 드 생텍쥐페리, 『어린 왕자』

⁎

1년 동안 미뤄온 운동을 드디어 시작했다.

"운동의 시작은 걷기다!" 호기롭게 외치며 늦은 밤 집을 나섰다. 아파트 불빛, 가로등, 자동차 불빛 덕분에 밤이 어둡지 않았다. 코로나19로 학교 운동장이 폐쇄되어 동네 골목을 산책하기로 했다. 걷다 보니 새로 생긴 가게도 발견했고, 자주 가던 빵집이 사라진 것도 알게 되었다. 학교 앞 문방구는 10년째 그대로였다.

골목길 끝, 제법 높은 계단을 올라가니 오랜만에 하늘이 눈에 들어왔다. 휘영청 밝은 보름달이 동화책 속에서 튀어나온 듯 당당하게 떠 있었다. 커다랗고 둥글며 선명한 그 달을 빌딩 숲 사이에서 마주한 것이 신기했다. 보름마다 어김없이 떠올랐을 달을, 언제부터 잊고 살았던 걸까. 하늘을 올려다볼 여유도 없이 살아왔음을 깨달았다.

슬픔도 그렇게 미뤄두었다가 결국 마주하게 된다. 멍하니 바라보기도 하고, 잊고 산다고 생각하지만 언제나 우리 곁에 존재한다. 때로는 슬픔이 운동이 되기도 하고, 맥주 한 잔이 되기도 한다. 낯선 공간에서 불쑥 마주하기도한다. 안녕을 고해도 다시 찾아오는 슬픔, 그 감정을 느낄 수 있다면 그것도 살아있다는 증거다.

어제의 슬픔이 내일의 슬픔과 다르기를 희망하며, 다가오는 슬픔이 더 자라지 않기를 기도한다. 산책도 하고, 달도 보고, 맥주도 마시며 그렇게 살아가자. 갑자기 찾아오는 슬픔에 안녕을 고하며.

오늘 산책은 운동이라기보다는 달 구경이었고, 체력 단련보다는 마음 단련이었다. 내일을 기약하며 집으로 돌아오는 길, 새로 생긴 편의점 앞에서 발이 멈췄다. "한 번 구경해 볼까?"하는 마음으로 들어가, 처음 보는 맥주들을 정성스럽게 골라 들고나왔다. 운동하러 나온 길에 달도 보고 분위기도 좋았다. 마무리가 맥주라니, 다소 어색했지만, 발걸음은 가벼웠다.

엘리베이터 대신 계단을 오르기로 했다. 맥주캔을 소중히 들고 천천히 올라가면 더 맛있게 마실 수 있을 것 같았다. 갈증과 운동의 뿌듯함이 겹쳐 행복했다.

우리 집은 12층. 7층쯤 오르니 다리가 후들거렸지만 참고 또 참아 12층까지 올라왔다. 그런데 익숙하지 않은 풍경이다. 엘리베이터에서 내렸을 때와는 다른 모습. 창문 너머로, 낯익은 우리 집 베란다가 보였다. 흥분한 나머지 옆 동 아파트 계단으로 올라왔다. 더욱 맥주가 간절해졌다.

모든
시작을
위하여

자기 자신이 되기 위해서는 자신의 목소리를,
자신의 이야기를, 자신의 생각을 파악해야만 한다.

- 오르한 파묵, 『검은 책』

＊

에필로그

부모님의 애정과 고된 노력으로 키운 쌀로 밥
을 짓는 순간, 구수한 냄새와 밥솥에서 피어오르는 하
얀 김이 하루의 시작을 알린다. 1분 1초라도 침대에서
나오기 싫어하는 아이들을 깨우며, 가끔은 안쓰럽기
도 하다. 대부분 날들은 이 험난한 세상을 어떻게 헤

쳐 나갈지 걱정이 앞서지만. 그래도 기상나팔 소리 같은 요란한 외침으로 아이들을 깨우고, 정신 못 차리는 아이를 식탁에 앉혀 밥을 먹이는 일상이 기쁨의 시작이어야 하는데…

05:30 AM 기상

나의 모든 감각을 깨우자. 눈을 뜨면 창문을 열고 말랑말랑한 찐빵 같은 공기를 마셔본다. 옆 동 아파트의 새벽 별빛 같은 조명을 바라보며, 나와 닮은 누군가의 이른 시작을 응원한다. 열린 창으로 밤새 기다린 바람과 포옹하며, 매일 똑같은 하루를 시작할 수 있음에 감사한다.

07:30 AM 출발

작고 평범한, 그러나 매일 반복되는 일들이 모여 하루가 된다. 지극히 자연스러운 일상에 감사하고 행복해야 하지만, 현실은 평수 넓은 아파트, 큰 자동차, 성적 좋은 아이들을 꿈꾸며 내일을 산다. 하루를, 동전을 넣으면 굴러 떨어지는 음료수처럼 당연하게 여기며.

09:00 AM 파이팅

사무실 책상에 앉아 업무 시작 전 다이어리에 적힌 문장을 읽는다. "온 우주에 단 하나뿐인 나. 매 순간 시작하는 나의 첫걸음을 기억하자. 새로운 시작을 위해 첫발을 내딛자."

11:00 AM 감사

불만의 표정을 가려주는 마스크에 감사하며, 습관처럼 키보드를 두드린다. 해야 할 일들과 미뤄선 안 되는 일들을 처리한다. 목과 어깨의 통증이 어제처럼, 혹은 처음부터 있었던 것처럼 찾아온다.

12:00 PM 점심

차리는 밥상이 아닌 누군가의 수고로 차려진 점심을 먹는다. 지우지 않아도 된다. 맛있는 행복을 누리고 저녁 메뉴 아이디어까지 얻는다.

14:00 PM 보충

오후의 나른함과 소모된 에너지를 보충하기 위해 달달한 커피를 마신다. 직원들과 수다 타임으로 잠시 어깨의 통증을 잊고, 미소를 찾는다.

18:00 PM 다시 시작

퇴근 후에는 일상의 설렘이 기다린다. 혼잡한 마트에서 가족을 위한 장을 보며, 나를 위한 작은 음료도 챙긴다. 엘리베이터 안에서 먼저 인사를 건네고, 각자의 시장바구니 속 저녁 메뉴도 공유한다. 안면만 있는 아주머니의 자식 자랑도 들어준다. 괜찮다. 괜찮나?

20:00 PM 관심

내가 행복하고 마음이 편해야 다른 사람들에게도 관심을 기울일 수 있다. 아니, 어쩌면 주변 사람들이 편안하고 행복해야 나의 행복도 가능하다. 아직 서툰 나부터 훈련하자. 하루를 마감하는 마음을 걱정과 근심이 아닌 감사로 채워보자.

일상을 즐기자. 새로운 시작에도 도전하자. 시간이 없다는 핑계로 미뤄왔던 운동을 이제 시작해 본다. 퇴근 후 집에 들어오면 나가지 않고 입으로만 하는 운동 대신, 어둡고 소란스러운 거리라도 걸어보자. 솜씨도 없고 감각도 없다는 이유로 허기만 채우던 음식 대신, 새로운 레시피에 도전해 보자.

딸이 힘들게 아르바이트해서 번 돈을 아낌없이 쓰는 스타에게 관심을 가져본다. 이해되지 않는 가사를 쏟아내는, 아니 잘 들리지도 않는 음악을 좋아하는 아들이 좋아하는 래퍼의 이름을 묻는다.

22:00 PM 마무리

나의 마음이, 나의 손이, 나의 발걸음이 어디를 향하고 있는지 귀 기울이자. 어떤 삶을 살고 싶은지, 내가 어떤 사람인지 관찰하고 들여다보는 시간. 시작을 시작하자. 파이팅!

앙코르

하루하루를 진실로 충만하게 사는 행위,
그것이 최고의 예술이다.

- 헨리 데이비드 소로, 『월든』

✳

혼자 공연장에 왔다. 원래는 남편과 함께 올 계획이었지만, 갑작스러운 일로 남편이 못 오게 되었다. 공연 시작 두 시간 전, 그의 연락을 받았고 대체할 동행을 구할 시간은 없었다. 망설임이 컸다. 혼자 공연장을 찾는 것은 처음이지만 새로운 도전을 해보기로 했다.

공연장은 낡고 오래되었지만, 사람들로 가득했다. 티켓을 수령하고 자리를 찾아 앉았다. 무대가 한눈에 들어오는 좋은 자리는 아니었지만, 주변을 둘러보니 부부, 엄마와 딸, 친구 등 다양한 커플들이 앉아 있었다. 혼자 관람하는 사람들도 눈에 띄었다.

공연 시작을 알리는 종소리가 울리고, 비어 있던 앞자리에 체격이 큰 남자분이 앉았다. 그의 머리가 무대를 가려 드럼 연주자와 바이올린 연주자가 보이지 않았다. 잘못은 없다. 그저 자신의 자리에 앉았을 뿐이다. 그런데 나는 남편을 원망했고, 혼자 공연장에 온 나 자신을 자책했다. 낙후된 시설을 개선하지 않은 관리자까지 비난하며, 한참 동안 앉아 있었다. 연주는 내게 기쁨도, 행복도 주지 않았다.

시간은 흘렀고 연주는 무르익어 갔다. 여섯 곡 중 세 곡이 끝났다. 앞자리 남자분의 어깨를 조심스럽게 두드리고, "혼자 오셨으면 비어 있는 제 옆자리로 옮겨주실 수 있을까요? 무대가 잘 보이지 않아서요."라고 말할까 고민했다.

네 번째 곡이 끝났다. 결국 나는 눈을 감고 연주에 집중하기로 했다. 보이지 않는 것을 억지로 보려고 애쓰지 않고, 모든 에너지를 귀로 모았다. 그제야 음악이 진정으로 들리기 시작했다. 배경음악이 아니라 나에게 집중되는 연주로 변했다.

앙코르를 외쳤다. 이제야 음악을 즐기기 시작한 나 자신을 위해 간절히 외쳤다.

서점에 매일 쏟아지는 책들과 도서관에 차곡차곡 쌓여 있는 책들을 바라보며, 종종 작가들을 상상하곤 했습니다. 평범한 사람들은 아닐 거라고, 타고난 재능을 지닌 분들이거나 오랜 시간 수련한 전문가들이리라 단정했습니다.

책 읽기를 좋아했지만, 글쓰기는 저와는 거리가 먼 일이라 여겼습니다. 그러다 우연히 글을 쓸 기회가 생겼고, 그 글들을 모았습니다. 시작이자 도전이었습니다. 역시 글쓰기는 아무나 하는 게 아니었습니다. 그동안 재미있는 책, 좋은 책이라고 함부로 분류하던 제 태도를 부끄럽게 반성하게 되네요.

이번 기회를 빌어 모든 작가님께 깊이 사죄드립니다. 단어 하나, 문장 하나를 만들어내고 다듬어가는 일이 얼마나 많은 시간과 노력을 필요한 작업인지, 몸소 체험했기 때문입니다. 이제부터는 모든 책을 소중하게 읽고 다룰 겁니다.

모든 일상의 장면들이, 제가 만난 모든 존재들이, 문장이 되고 책이 되는 순간을 기꺼이 즐기려 합니다. 앞으로 매일 즐겁고 행복하게 읽고 쓰는 삶을 만들어 가겠습니다. 시작을 멈추지 않을 것이고 도전 앞에서 더 이상 오래 망설이지 않을 것입니다. 그렇게 깊어지고 넓어지겠습니다.

감사합니다.

나는 언제 행복했더라

초판 발행 · 2025년 9월 20일

지은이 · 김희숙
펴낸이 · 이경선
편집장 · 한주은
편   집 · 여수민, 이다현, 최수빈
디자인 총괄 · 박아림(디자인숲)

발행처 · 도서출판 클북
등   록 · 504-2019-0000002호 (2019. 2 8.)
편집실 · 인천광역시 연수구 센트럴로 313 C2130
팩   스 · 054-613-5604
이메일 · ask.gracehan@gmail.com
인스타그램 · @slower_as_slow_as_possible

ISBN 979-11-92577-08-1   03810